하늘과 땅 사이
사랑의 언약

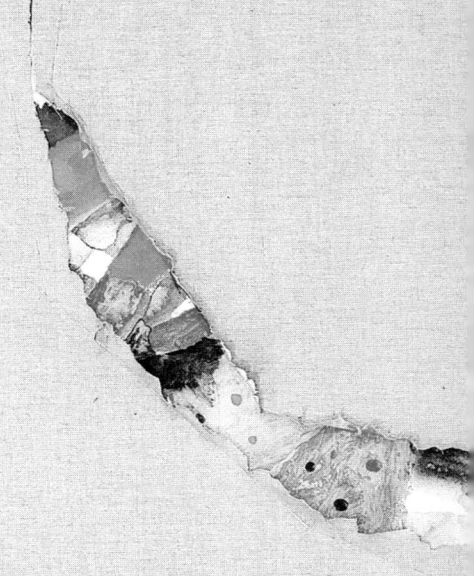

하늘과 땅 사이
사랑의 언약

정이녹

창조문예사

머리말

   성경은 하나님께서 우리에게 주시는 약속의 말씀이다.
   첫 장을 열면서 에벤에셀 하나님을 만나고
   육신을 입고 이 땅에 오신 성자 예수님을 겟세마네 동산에서 뵈었다.
   어디에나 계시는 임마누엘 성령 하나님의 말씀을 가슴에 품고
   마라나타 다시 오실 예수님만이 오직 우리의 소망이 되셨다.

   지난 3년 7개월(2022. 06.~2024. 03.) 한국기독교신문에 연재한 것을 하나의 마음으로 엮었다.

   손을 얹고 가슴을 열어 세미한 음성 들으며
   조그만 텃밭에 씨앗을 뿌리는 마음으로 하나로 묶었다.
   많은 분들의 마음속에 언약의 사랑이신 하나님의 그 큰

사랑을 누리시기를……..

   그리고 사랑하는 손자 손녀 머리맡에 놓여져서 매일 밤 한 장씩 읽으며 하나님의 사랑에 푹 빠져 살기를 소망해 봅니다.

2024년 9월
정이녹

차례

머리말   4

제1부 • 마라나타

마라나타(maranatha)! 1	15
마라나타(maranatha)! 2	17
마라나타(maranatha)! 3	19
축복의 땅 가나안	21
에녹처럼	23
내리사랑	25
탕자의 비유	27
뿌리 깊은 나무	29
아담 유감	31
네 가지 땅에 떨어진 씨	33
사랑하시는 그 제자	35
예루살렘 성전	37
장자권	39
장자의 명분	41
유대 민족, 이스라엘	43
하늘 땅 차이	45
태초부터	47
뇌의 용량	49
믿음은 순종이다	51

믿는 자만이 순종하고…	53
죽기까지 순종	55
욥의 순종	57
사랑의 확증 1	59
사랑의 확증 2	61
안다는 것과 믿는다는 것	63
베다니 마을의 세 남매	65
베다니 마을의 나사로 이야기	67
베들레헴에서 베다니로	69
갈릴리, 오 갈릴리…	71
갈릴리 혼인 예식	73
갈릴리 혼인 잔치	75
갈릴리의 기적	77
예수 부활하셨다	79
성령이 오셨네!	81
주님 다시 오신다	83
주께서 그러하심같이	85
하나님이 세상을 이처럼 사랑하사	87
하나님은 실수하지 않으신다	89

제2부 • 에벤에셀

태초에…	93
하나님의 영은 수면 위에 운행하시니라	95
빛이 있으라!	97
하늘과 땅 사이	99
우리는 하나님을 닮았다	101
안식일을 기억하여 거룩하게 지키라	103
돕는 배필	105
흙으로 사람을 지으시고	107
이름 짓기	109
사랑은 약속이다	111
하와의 변명	113
아담의 변명	115
두 나무가 있었다	117
아담아— 네가 어디 있느냐	119
가죽옷의 비밀	121
의인의 예물	123
에노스 : 예배의 시작	125
아담의 계보	127
기억하라! 사랑하라! 1	129
기억하라! 사랑하라! 2	131
하나님과 동행하였다	134
하늘이 열리고 깊은 샘이 터졌다	136
언약의 무지개	142
하늘나라 천국 언어	146
믿음의 조상, 아브라함	150
사흘 길을 함께 걸었다	153

데라의 족보	155
하나님의 계산법	157
여호와 하나님의 열심	159
큰 자가 어린 자를 섬기리라	161
이스라엘의 하나님	163
유대 민족의 아버지 유다	168
꿈꾸는 요셉	170
나그넷길, 험악한 세월을 보내었다	172
노아의 방주와 갈대 바구니	174
네 발에서 신을 벗어라	176
하나님의 이름 1	178
하나님의 이름 2	180
내가 내 이름을 위하여	182
택하신 민족의 훈련 과정 1	184
택하신 민족의 훈련 과정 2	187
이 땅을 너희에게 주리니	189
메추라기 사건	191
작전명 : 헤렘 진멸의 전투	193
기생 라합	195
요단강 물이 언약궤 앞에서 끊어졌나니	197
여리고 함락	199
아골 골짜기로 소망의 문을 여시고	204
태양이 머물고 달이 멈추었다	207
나와 내 집은 여호와를 섬기겠노라	209

제3부 • 겟세마네

요한, '선포의 복음'	213
태초에…	215
주께서 사랑하시는 그 제자	217
광야의 소리	219
우리가 메시아를 만났다	222
와서 보라	224
요한이 전한 기쁜 소식	226
이제 우리가 믿는 것은	228
성령으로 거듭나야 하리니	230
요한의 육하원칙(六河原則)	232
죽은 자 가운데서 살아나신 후에야	234
네가 낫고자 하느냐	236
이것이 얼마나 되겠습니까마는…	240
이 말씀은 어렵도다	242
내가 너희 열둘을 택하였느니라	245
가서 다시는 죄를 범하지 마라	247
참 이상한 일입니다	249
베다니 마을에 무슨 일이 있었는가?	251
나사로 구출 작전	253
온 집에 향유 냄새가 가득하였다	255
발을 차례로 씻겨 주셨다	257
그가 곧 나가니 밤이러라	259
자기 사람을 사랑하시되 끝까지	261
보혜사 성령	264
골고다의 여인들	266
부활의 모습	269

도마의 확증	271
큰 물고기 153마리	278
사랑의 사도, 보아너게 요한	281
네가 나를 사랑하느냐	283

제4부 · 임마누엘

성령이 임하셨다	287
베드로가 달라졌다	289
성령이 오시면 사람이 달라진다	291
근원적 욕심	293
스데반의 순교	295
사울이 주님을 만나다(바울의 회심)	297
사도 바울	299
부르심과 일컬음	301
좁은 문	303
나의 멍에를 메고 나를 배우라	305
한 사람	308
사랑의 확증	310
기적은 오늘도	312
일용할 양식을 주옵시고	314
미리 정하신 그들을 부르시고	316
사울이 바울 되는 변화의 힘	318
바울복음	320
바람 같은 성령	322

천금보다 귀했다 1	324
천금보다 귀했다 2	326
우리나라 금수강산	328
하늘나라 모국어	330
양과 염소	332
일체의 비결	334
브니엘의 축복	336
사랑의 언약	338
연초부터 연말까지	340
사모하는 자에게 주시는 축복	343

제1부
마라나타

마라나타(maranatha)! 1

 구약은 옛 약속이고 신약은 새 약속이다. 메시아가 오시리라는 말씀의 언약을 믿고 다시 오시겠다 하신 예수님의 언약을 믿는 것이다. 내일의 약속이 있는 사람은 오늘 행복하다. 어제의 서러움과 오늘의 어려움을 이겨 낼 수 있는 힘은 약속을 믿기 때문이다. 약속이 신실할수록 우리의 인내는 기쁨이 되고 소망이며 살아가야 할 존재감이다.
 마라나타, "우리 주여 오시옵소서."
 주님의 승천하심을 직접 보았던 당시의 제자들이나 성도들은 그들 생전에 예수님께서 곧 오시리라고 믿었던 것 같다. 초대교회 성도들은 서로 만날 때마다 인사말로 사용하였다.
 다시 오실 그 때를 그 누구도 모른다. 하늘의 천사도 모르고 아들도 모르고 오직 아버지 하나님만 아신다. 그러나 깨어 있는 자는 환난의 징조로 알 수 있다고 하셨다. 거짓 선지자가 미혹하고, 불법이 성하고, 곳곳에 지진과 기근과 전염병이 있겠고, 일월성신에 징조가 있으리라. 그때에 인자가 구름 타고 능력과 영광으로 오는 것을 보리니 천사들이 나팔 소리로 그의 택하신 자들을 하늘 이 끝에서 저 끝까지 사방에서 모으리라. 너희 머리털 하나도 상하지 아니하리라.

주께서 공중 재림하실 때 우리는 들려 올라가리니 그곳에서 우리보다 먼저 떠난 사랑하는 사람들을 다시 만나리라.

옛 약속과 새 약속은 오직 하나이다.

사랑을 기다리는 것, 약속을 믿으면 기다릴 수 있다.

요즘 그 누구도 예상하지 못한 코로나 때문에 사람들 간에 거리 두기가 마음 거리가 되지 않기를 바라며 초대교회 베드로, 바울, 요한처럼 우리도 그렇게 인사하고 싶다.

마라나타-! "내가 진실로 속히 오리라 하시거늘 아멘, 주 예수여 오시옵소서."

마라나타(maranatha)! 2

하나님께서 택하신 이스라엘의 역사를 보면,
하나님이 그의 백성을 축복하시고, 복을 받으면 교만해져서 우상숭배하고, 그리고 매 맞고 망하고, 울부짖어 회개하면, 어제 일은 까맣게 잊으시고 다시 복을 주시고, 그러면 다시 완고하여져서 딴짓하고, 그리고 망하고, 다시 회개하고……
역사는 연속적으로 반복한다.
인간은 지난 역사에서 지혜를 얻지 못하고
하나님께서는 회개하는 영혼을 미워하지 못하신다.

우리 위하여 해와 달 별들 만드시고
우리 위하여 영원한 사랑 오시었고
우리 위하여 십자가에 돌아가시고
우리 위하여 오늘도 어딘가에 우리가 살 집을 짓고 계시고
처소가 예비되면 우리를 데리고 가시려고 다시 오신다.

요즘 코로나 때문에 얻은 것도 있다.
일상적인 것들의 소중함을 알게 된 것 같다.

가족 간의 시간을 함께하며 마음을 나누고,
남을 배려하며 자신을 돌아보고 천천히 가기,
숨어 있던 어둠의 정체들이 드러나고, 오염이 줄어 청정으로 인한 지구가 정화되었으며, 세계 국가 간 정보를 교환하여 상호 어깨동무하기…….
우리는 이 지구 위에서 함께 돕고 살아야 하는 공동체임을 알려 주었다.

하나님이 세상을 이처럼 사랑하사
그분 자신이 육신을 입으시고 이 땅에 오시었다.

"사랑은 여기 있으니 우리가 하나님을 사랑한 것이 아니요 하나님께서 우리를 사랑하사 우리 하나님이라 일컬음을 부끄러워하지 아니하시고 자기 이름을 위하여 의의 길로 인도하신다."

마라나타! 주님 속히 오시옵소서.

마라나타(maranatha)! 3

 아버님께서 서울신학을 졸업하시고 경남 통영 태평교회에 첫 부임을 하시었다. 통영 앞바다는 참으로 아름답다.
 잔잔한 호수 같은 푸른 바다 위에 동그란 반원의 섬들이 봉긋봉긋 얹어 있고 아득한 수평선 하늘가에는 아스라한 안개구름 피어 있다. 물빛 하늘이 그대로 바다로 내려와 바다와 하늘이 맞닿아 하나가 된 곳, 그곳에 한산섬이 있다.
 숲속 솔밭 오솔길로 들어서면 먼저 와서 코끝에 스미는 소나무 향내, 하늘땅 가득한 매미 소리, 풀벌레 소리…….
 통영이 충무가 되었다가 다시 통영으로 바뀌었던 그 기간에 우리는 통영에 있었다.

 한여름 장죽 같은 장대비가 한바탕 흩뿌리고 지나간 어느 여름날, 하얀 뭉게구름이 하늘에 가득하고, 붉은 황금빛 저녁노을이 구름 사이사이 빛줄기로 쏟아지며 온 사방으로 퍼지었다.
 1954년이었고, 나는 5살이다.

 내가 아이였을 때

그때 예수님 오시는 것 나는 보았지
하늘 가득 뭉게구름 뜨고 저녁 햇살이 황금살 되어
내 머리 가슴 위로 쏟아져 내릴 때 그때 나는 보았지
천군 천사와 함께 나의 예수님 맑고 밝은 미소로 나를 부르실 때 나는 놀라 소리쳐 외쳤어
"아빠야! 예수님 오신다-!!!!"
뒹구르며 손뼉 치며 소리소리 지르니 방문 열고 뛰어나오셨다.
"그래 아가야, 정말 예수님 오시는 날 같구나-."

나는 지금도 황금빛 저녁노을 바라볼 때면 혹시 우리 예수님 오시려나
가슴에 두 손 얹고 고개 숙인다.

마라나타-! 아멘, 주여 이제 오시옵소서.

축복의 땅 가나안

지난 2017년 가을 이스라엘을 다녀왔다.

갈릴리는 아름다웠다. 사해는 더 아름답다. 그런데 유다 광야는 어떻게 말할 수 있을까? 예루살렘을 나서자 곧바로 광야였다. 바다같이 넓고 푸른 갈릴리가 있고 요단강이 흐르고

지구상 가장 낮은 곳이라 더 이상 흘려 내보낼 곳이 없으니 죽음의 바다라 불리는 사해는 에메랄드 고운 빛 가득하고 두 팔 벌려 누우면 꿈같이 두둥실 떠오른다.

그리고 국토의 70%가 광야이다.

아브라함에게 축복으로 약속해 주신 땅이 이곳이고, 가뭄이 들어 애굽으로 피난 가게 하시고, 다시 이곳으로 인도하실 때 열두 명의 정탐꾼들이 포도송이가 달린 가지를 꺾어서 막대기에 꿰어 두 사람이 메고 와서 "그곳은 과연 젖과 꿀이 흐르는 땅이고, 그곳 사람들은 거인들이어서 우리는 스스로 보기에도 메뚜기 같다"고 주눅 들게 한 곳이 이곳이다. 그러나 지금은 풀 한 포기 나무 한 그루 없다. 벌거벗은 황토 산이 끝없이 이어지는 곳, 산은 산인데 허허벌판, 척박한 황토 흙과 바람뿐이다.

엄청난 태풍이 불어 눈에 보이는 곳 전부가 산사태로 무너져 내려 붉은 흙과 돌덩어리 산들이 겹겹이 포개져 있다.

절벽 위 작은 길가에 삐뚤삐뚤 끊어질 듯 말 듯 아슬아슬 짧은 풀들이 돋아나 있고 누런 양 몇 마리 서로 궁뎅이 붙이고 목자를 기다린다. 사망의 음침한 흙벽 골짜기에 생명도 없고 희망도 없고 목자를 잃으면 죽음뿐이다.

예수님께서 공생을 시작하시기 전 40일 금식하신 곳이 유대 광야 이곳이고, 낮의 해를 가려 줄 나무 한 그루, 밤의 이슬을 막아 줄 바위 하나 없다.

눈에 보이는 것만이 축복이 아니고
주와 함께 걷는 것이 축복이다.

마라나타-!!! 아멘, 주 예수여 오시옵소서.

에녹처럼

육신을 입고 이 땅에 온 사람 중에 죽지 않고 하늘에 간 사람은 인류 역사상 엘리야와 에녹 두 사람뿐이다. 엘리야는 가뭄을 예언하고, 까마귀가 떡과 고기를 날라다 주고, 사렙다 과부의 아들 살려 주고, 바알, 아세라 선지 850명을 쳐부수고, 왕의 군사 100여 명을 불로 사르고, 목숨 걸고 따라오는 엘리사를 불 말과 불 수레로 막으시고, 회오리바람 타고 하늘로 올리워 가고, 엄청난 일들을 하였는데…….

에녹은 이 땅에서 한 일이 없다. 창세기 5장 21-24절에 기록되었다. "에녹은 육십오 세에 므두셀라를 낳았고, 므두셀라를 낳은 후 삼백 년을 하나님과 동행하더니, 하나님이 그를 데려가시므로 세상에 있지 아니하였더라"

에녹은 하나님의 마음을 안 것 같다. 세상에 악이 넘쳐서 하나님께서 사람 지으신 것을 한탄하시는 그 마음을 알아서 아들의 이름을 므두셀라라 불렀다. 므두셀라 이름의 뜻은 "창을 던지다"인데 숨은 뜻은 "창을 던지는 그가 죽으면 심판이 있다, 그가 죽으면 끝이다."

므두셀라야! 너 죽으면 세상이 끝인 아들아--!

하루에도 수십 번 아들 이름을 부를 때마다, 하나님께 소원을 드렸다. 365년을 살면서, 365일 날마다 기도를 드렸다.

우리도 자녀를 낳고 이름을 지을 때 부모의 기원을 담아 소망하며 이름을 짓는다. 실제로 므두셀라는 이 세상에서 가장 오래 살았다. 그의 나이 969세로 죽던 그해, 이 땅에 대홍수가 일어났다. 노아의 가족을 제외하고 온 땅에서 코로 숨 쉬는 생명체들이 다 죽었다.

에녹은 하나님의 마음을 알았다.
하나님도 당신의 마음을 알아주는 것을 기뻐하신다.

마라나타-!!! 아멘, 우리 주여 오시옵소서.

내리사랑

형제가 내게 죄를 지었을 때 일곱 번까지 용서하면 되겠지요.
자신 있게 말씀드렸는데 주께서는 일곱 번만 아니라 일흔 번씩 일곱 번이라도 용서하라 하셨다. 나는 두세 번 정도 할 수 있을까……. 불가능한 일을 왜 하라 하셨을까…….
결혼을 하고 아들, 딸의 부모가 되니 조금 이해할 수 있게 되었다. 내 자녀가 잘못한 것은 일곱 번씩 일흔 번 정도 너끈히 용서할 수 있다. 자녀를 위해서라면 용서 정도를 넘어 그래야 한다면 목숨까지도 대신할 수 있다. 내 이웃을 내 자녀처럼 사랑한다면 일곱 번의 일흔 번이 가능할 수 있겠구나!

부모가 자녀를 위하는 내리사랑이다.
우리도 하나님을 닮아서 자식은 그렇게 사랑한다.
부모에게 자녀는 존재 자체만으로 행복하게 한다.
자식은 그의 자식을 또 그렇게 사랑한다.

"하나님이 우리를 필요로 하는 것은, 그가 그 필요를 선택하셨고, 우리가 완전히 사랑스러운 존재가 되기까지 훈련하

신다."(C. S. 루이스)

　내 안에 이미 심긴 하나님의 사랑을 본받아 자라게 하는 것, 사랑과 용서는 뿌리가 같다.

　마라나타-! 아멘, 주여 오시옵소서.

탕자의 비유

탕자가 아버지의 집을 떠난 것은 탕자의 자유의지였다.
아버지의 재산 중에 유산의 분깃을 미리 달라고 요구하고 먼 나라로 가서 허랑방탕 탕진한 것은 자신의 의지였고 선택이었다.
하나님은 인간을 지으실 때 우리의 본성 속에 자유의지를 함께 주셨다. 그러나 집으로 돌아올 것을 아시는 것이 아버지의 사랑이시다. 밤마다 문 열어 놓고 기다리시는 분, 고갯마루 터에 까만 점 하나만 보여도 맨발로 달려 나가 목을 안고 입을 맞추고, 제일 좋은 옷을 입히시고, 손에 가락지를 끼워 주시고, 살진 송아지를 잡고, 죽었다가 다시 살아난 아들을 위해 큰 잔치를 열었다. 밭에서 돌아온 큰아들이 노하여 잔치 자리에 참석하기를 싫어하자 "아들아, 너는 언제나 나와 함께 있었고, 나의 것은 모두 너의 것이다. 하지만 네 동생은 죽었다가 살아났으며 잃었다가 찾았으니, 우리가 축하하고 기뻐해야 하지 않겠느냐?"

아버지는 탕자를 언제 용서하셨을까.
집으로 돌아와 아버지께 잘못했다고 말씀드릴 때가 아니고 집을 떠나던 날부터 용서하고 돌아오기를 기다리셨다.

하늘 아버지께서 우리를 향하신 사랑의 무게는 온 우주를 창조하신 지구의 무게와 같다. 우리 하나 살리시려고 십자가의 고난을 감당하셨다.

사랑은 사랑하는 자가 누릴 몫이다.

잘못을 뉘우치고 돌아서는 것을 회개라고 한다.

내가 일어나 아버지께로 가서 하늘과 아버지께 죄를 지었사오니 지금부터는 아버지의 아들이 아니고 품꾼의 하나로 받아주소서.

품꾼이 아니고 아들은 언제나 아들이다.

돌아올 것을 알고 계셨다.

마라나타! 아멘, 우리 주여 오시옵소서.

뿌리 깊은 나무

1999년 12월 말, 프랑스를 중심으로 유럽에 엄청난 태풍이 있었다.

최고 시속 270km의 광풍이 휩쓸고 지나갔다. 당시 20세기에서 21세기로 넘어가는 해이어서 세기말적 이야기들을 하곤 했었다. 12월 31일은 금요일이었고, 아들과 딸이 친구들과 메리벨 스키장에 갔다가 밤늦게 돌아왔다. 그 새벽에 또 한차례 태풍이 파리 서쪽에서 동남쪽을 강타했다. 아침에 나가 보니 뒷동산에 10여 m 크기의 전나무가 뿌리째 뽑혀 넘어져 있고, 우리 집 오른쪽 도미니크 집은 지붕의 기와가 반 넘게 날아가고, 왼쪽에 말리끄 집은 뒷마당 헛간이 쭈그러졌다. 가운데 있었던 우리 집은 건재했다. 토요일 교회 청년부예배를 드리러 파리 동쪽에 있는 벵쎈느 숲을 지나가는데 아름드리나무들이 뿌리를 하늘로 향하게 뽑히어 즐비하게 눕혀져 있다. 두 팔을 쭈욱 벌려 안아도 손끝이 닿지 않을 만큼 늠름했던 용감한 나무들이 제속 뿌리들을 다 내놓고 누워 있으니 보기에도 딱했다. 숲속은 완전히 원자폭탄 맞은 것 같았다.

어린 나무들에게 적당히 바람을 불어 주면 뿌리가 단단해지고 깊이 자리를 잡는다고 한다. 바닷가 가로수 나무들은 해풍 덕에 거의 뽑히지 않았는데, 베르사이유 궁정 정원의 나무들은 온실에서 자란 나무 같아서 만여 그루 넘게 뽑히었다. 복구하는 데 20년이 걸렸다고 한다.

하늘 향해 흙덩이 뿌리를 드러내고 누워 있는 나무들을 보며, 우리에게 고난의 바람을 적당히 주시는 것도 은총이라는 생각을 했다.

마라나타-! 우리 주님 어서 오시옵소서.

아담 유감

아담은 흙으로 지음을 받을 때 이미 청년이었다.

어린 시절도 없었으며 태아로 열 달을 기다려야 하지도 않았다. 기다림이 무엇인지 모르니 그리움을 알까, 서러움을 이해할까. 미어질 가슴도, 쓸어내릴 한숨도 없었을 터이다. 그가 혼자 있는 것이 하나님 보시기에 좋지 않으셔서, 깊이 잠들게 하고,

갈비뼈 하나로 돕는 배필 하와를 빚으셨다.

"이는 내 뼈 중에 뼈요 살 중에 살이로다." 최상의 사랑을 고백하였지만, 유일하게 금지하신 선악과를 따 먹은 후 변명하여 말하기를 "하나님이 내게 주신 그 여자가 나무 열매를 주므로 내가 먹었나이다." 약속은 하와 이전에 하나님과 아담 둘이서 맺은 사랑의 언약이다. 매일 아침 바람과 함께 동산에 오신 하나님은 약속한 선악과가 여전히 나무 위에 달려 있는 것을 보시며 기뻐하셨다. 약속을 지킨다는 것은 사랑을 이어 가는 행복의 증표이다. 하나님께서 네가 먹는 날에는 정녕 죽으리라 하셨는데 아담에게 전해 들은 하와는 들짐승 중에 가장 간교한 뱀에게 말했다. 에덴에서는 하나의 언어였다. "너희는 먹지도, 만지지도 말라. 너희가 죽을까 하노라."

빛을 등지면 그림자가 보인다.

갑자기 죄의식이 생겨나고 하나님의 낯을 피하여 나무 사이에 숨었다. 아담 대신 죽은 것은 양이었다. 에덴에서 첫 번째 피 흘림은 대속의 결과였다.

기다림의 훈련이 없었던 아담이 시간 속에 살게 되니 필연적으로 선악과를 따 먹게 되어 있었지, 반드시 죽으리라 하셨으나 죽음이 무엇인지 몰랐으니, 호기심 발동한 하와를 앞세워 단 하나의 계명을 어기고, 어느 날 손을 들어 따 먹을 수밖에 없었겠지-.

아담 유감입니다-!!

마라나타-!! 주여 이제 오시옵소서.

네 가지 땅에 떨어진 씨

씨 뿌리는 자가 씨를 뿌렸으나 길가에 떨어지니 새들이 와서 먹어 버렸고, 흙이 얕은 돌짝밭에 떨어지니 싹이 나오자 타서 말랐고, 더러는 가시떨기나무에 떨어져 가시 때문에 기운이 막혔고, 또 더러는 좋은 땅에 떨어지매 삼십 배, 육십 배, 백 배의 결실을 하였다.

길가에, 돌짝밭에, 가시떨기나무 아래, 좋은 땅에 씨가 떨어졌다.

네 가지의 종류의 땅이 따로 있는 줄 알았다.

네 가지 성정의 사람이 있어서, 내 앞에 있는 갑은 민숭맹숭, 굳어 버린 길가인 것 같고, 내 뒤에 있는 을은 티격태격, 불평불만 돌짝밭 같고, 내 오른편 사람은 가시넝쿨 같아서 여차하면 찌르고…….

내 왼편이 옥토일까 하고 주변을 돌아보며 두리번거리지 말아야 할 것은, 어떤 날은 내 마음이 길가가 되어 말씀을 듣기는 했으나 일어서면서 잊어버리고, 어떤 날은 돌짝밭처럼 메말라서 말씀을 받았으나 돌아서면서 잊어버리고, 어떤 날은 가시넝쿨 같아서 딴생각하느라 잊어버리지만, 그래도 어느 한 날, 내 마음이 맑고 깨끗해져서 주시는 대로 받아, 은혜가 넘쳐 감동으로 가슴이 벅차오를 때가 있다.

   내 마음을 깊이 파고 다듬어서
   매일매일 옥토가 되고 싶습니다.
   매일매일이 착하고 좋은 땅이고 싶습니다.

   떨어진 씨가 뿌리를 내리고 가지와 잎을 내어 열매를 맺으며
   생명으로 이어 가기를 소망합니다.

   마라나타-! 우리 주여, 오시옵소서!

사랑하시는 그 제자

　베드로는 열정적으로, 바울은 의지적으로, 요한은 체질적으로 예수님을 사랑한 것 같다. 예수님은 베드로와 야고보와 그의 형제 요한 외에 아무도 따라옴을 허락지 아니하셨다. 야이로의 죽은 딸을 살리실 때, 변화산상에서, 겟세마네 동산의 마지막 밤에도 요한은 주님 곁에 있었고, 십자가에 달리신 예수님의 모습을 기록하였다. "내가 목마르다." "다 이루었다."
　요한은 부활 아침에 빈 무덤으로 달려갔고, 부활 후 디베랴 호숫가에 찾아오신 예수님을 제일 먼저 알아보았다.
　예수님에게는 마리아와 요셉의 자녀로 야고보, 요셉, 시몬, 유다와 누이들이 있었다. 동생 야고보는 부활하신 예수님을 만난 후 초대 기독교의 중심 지도자가 되어 야고보서를 쓰고, 동생 유다는 유다서를 썼다고 전해진다. 그러나 골고다 십자가상에서 예수님은 동생들에게 어머니를 부탁하지 않고 요한에게 부탁하셨고, 주님께서 "네 어머니라―" 하신 그때로부터 요한은 마리아를 자기 집에 모시고 살았다. 요한은 그의 형제 야고보와 함께 성격이 급하고 불같아서 주께서 직접 '보아너게' 직역하면 '우레의 아들'이라고 별명을 주셨다. 성질이 똑같이 불같았던 형제 야고보는 기독교 최초의 순교자가 되었는데 오늘도 싼티아고 순례길에 수많은 사람들의 가슴에 남아 야고보를 기념하는 성지를 향하여 순례의 길을 걷고 또 걷는다.

아마도 마리아를 요한에게 부탁하심이라기보다

성질 급한 요한을 어머니 마리아에게 부탁하신 것 아닐까…….

마리아는 예수님이 메시아이심을 믿은 최초의 크리스챤이었고 예수님의 어린 시절을 직접 보살피고 자라게 하신 분이다.

우레의 아들, 천둥 번개 요한은 사랑의 사도가 되었다.

"사랑하는 자들아 우리가 서로 사랑하자 사랑은 하나님께 속한 것이니 사랑하는 자마다 하나님으로부터 나서 하나님을 아나니 하나님은 사랑이심이라"(요일 4:7-8)

요한은 자기 스스로를 말할 때 항상 "예수께서 사랑하시는 그 제자가…" 접두어로 시작한다.

예수께서 사랑하시는 (그 제자) 괄호 안에 내 이름 적어 놓고, 오늘도 새롭게 하시는 주님의 사랑을 바라본다.

마라나타-! 나의 주님 이제 오시옵소서.

예루살렘 성전

다윗이 자신의 능력을 보여 주고 싶은 교만으로 인구조사한 것에 대해 하나님께서 괘씸히 여기사 세 가지 벌 중에서 하나를 택할 것을 명하셨다. 첫째는 7년의 가뭄이고, 둘째는 석 달의 전쟁, 그리고 삼 일 동안의 전염병이었다. 다윗은 기간이 가장 짧은 세 번째를 택하였다.

하루 만에 단에서 브엘세바까지 7만 명이 죽고, 여호와의 사자가 예루살렘 하늘 위에서 전염병 보따리를 풀려는 순간이었다.

하나님께서 마음을 바꾸셔서 천사에게 재앙을 멈추게 하셨다.

성경은 설명하고 있지 않으나, 탈무드를 통해 아름다운 이야기가 전해지고 있다. 오르난의 타작마당을 사이에 두고 동산 양쪽에 형과 아우가 살고 있었다. 가을 추수를 끝내고 형이 생각했다. "아우가 새롭게 살림을 시작하여 올해 수확이 많지 않을 것이니 오늘 밤 볏단 하나 몰래 가져다주어야겠다." 다음 날 아침 일어나 보니 추수한 볏단이 그대로였다. "어젯밤 가져다준 줄 알았는데 꿈이었나? 오늘은 잠들기 전에 미리 가져다주고 와야겠다." 동생도 똑같이 생각했다.

"형님 댁은 식구가 많으니 추수한 볏단 하나 몰래 가져다드려야겠다."

동산을 오르는데 저편에서 또 한 사람이 볏단을 등에 지고 올라오고 있었다. 두 형제는 동산 위에서 만났고 바로 그 순간을 하나님이 보시었다.

"이제 족하다, 네 손을 거두어라."

하나님께서 예정하신 당신의 계획을 멈추셨다.

곧 다윗에게 명하시어 "이 땅 위에 나를 위하여 제단을 쌓으라" 하시고, 솔로몬이 이곳에 예루살렘 성전을 지었다.

하나님도 우리가 서로 사랑하면 감동하신다.
오늘도 여전히 감동하시고 당신의 뜻을 기꺼이 바꾸신다.

마라나타, 나의 주님 이제 오시옵소서.

장자권

성경의 족보는 장자 이스라엘과 하나님의 역사이다.

첫 사람 아담으로 시작하여 장자는 가문의 대표가 되고 대(代)를 이을 상속자가 되고 집안의 행사에 주도적 위치를 갖고 통치권과 축복권을 갖는다. 아담은 가인도 낳고 아벨도 낳고 그 후 딸도 낳고 아들도 더 많이 낳았을 터이지만 오직 자기의 형상을 닮은 아들 셋이 기록되고 계보를 이어 간다.

모든 족보는 당연히 맏아들로 계승되지만, 예외가 있다.

여호와께서 가인에게 말씀하셨다. "네가 어째서 화를 내느냐? 무엇 때문에 얼굴을 찡그리느냐? 옳은 일을 했다면 왜 내가 예물을 받지 않겠느냐? 그러나 네가 옳은 일을 하지 않았다."

제물에 문제가 있는 것이 아니고 옳은 일을 하지 않아서 제물을 받지 않으셨다고 말씀하신다.

사람이 육식을 하게 된 것은 노아 홍수 이후이므로, 당시 주식은 채소와 곡식이었다. 에덴에서 추방된 아담은 농사를 지었고 가인은 가업을 계승받아 농사를 지으며 형제들의 먹는 문제를 해결해야 했다. 무슨 일이 있었을까?

혹시⋯ 농사를 짓는 가인이 양을 치는 아우에게 먹거리를 나누어 주지 않은 것 아닐까?

 예수님도 로마 총독이나 헤롯 왕을 나무라지 않으시고 종교 지도자인 바리새인과 율법 학자들에게 그 책임을 물으셨다.

 실패한 맏아들 이스라엘의 짐을 지시고 아담 이후 모든 인간의 구원을 위하여 장자의 의무를 수행하셨다.

 장자의 특별한 권리에는 그에 따른 의무가 있다.
 형제를 돌아보고 보살펴야 한다.
 내가 스스로 하나님 앞에서 신앙의 장자라고 생각한다면
 내 형제를 돌아보고 외롭고 힘들어하는 이웃을 돌보아야 하는 책임이 장자에게 있다.
 내 책임이다. 내게 주신 착한 의무이다.

 마라나타-! 주 예수여 이제 오시옵소서!

장자의 명분

리브가는 아들들이 태 속에서 싸우는 것을 보고 여호와께 여쭈었다. "하나님께서 말씀하시길 두 국민이 네 태 중에 있는데 큰 자가 어린 자를 섬기리라." 리브가는 먼저 여호와께 묻고 여호와께 대답을 받았다(창 25:22).

어머니로부터 태교의 교훈을 받으며 야곱은 장자의 명분을 태아 때부터 알고 마음으로 소원한 것 같다.

아브라함 할아버지하고 15년을 함께 살았고, 어머니 리브가를 고향 땅에서 맞이하신 부모님의 사랑 이야기를 전해 들으며 하나님 중심 장자의 특권을 가슴 깊이 새긴 것 같다.

부모의 명에 따라 밧단아람 삼촌 라반의 집으로 가던 중 벧엘에서 하늘로 오르는 사닥다리도 꿈에 보고, 하나님도 만나고, 약속하신 축복의 계승도 확인받고, 베개 삼았던 돌에 기름을 부어 제단을 쌓았다. 우물가에서 곱고 아리따운 라헬을 만나 첫눈에 사랑하고, 삼촌이 제안한 14년의 품삯을 단 며칠처럼 여기고 섬겼다. "나 여호와가 말하노라, 에서는 야곱의 형이지만 내가 야곱은 사랑하고 에서는 미워하였다."

하나님의 편애는 어디서 오는가? 오랫동안 궁금했는데, 야곱이 에서의 장자권을 훔쳤다고 말하지 않고, 에서가 팥죽

한 그릇으로 장자의 명분을 가볍게 여겼으며, 그것은 망령된 일이었다고 기록되어 있다. "한 그릇 음식을 위하여 장자의 명분을 판 에서와 같이 망령된 자가 없도록 살피라"(히 12:16)

에서는 자신의 아내를 맞는 일에도 에서'스러웠다'.

"에서가 헷 족속 딸들을 아내로 맞이하니, 에서의 아내들로 말미암아 나는 나의 생명이 싫어졌다." 리브가는 탄식을 한다.

야곱은 환도뼈가 부러지도록 천사를 놓지 않았고,
이스라엘이라 칭함을 받았다.
그에게서 이스라엘 열두 지파가 계승되었다.

장자의 특권을 누리려면 장자의 명분을 귀하게 여기고
소중하게 다짐하고 실천해야 한다.

유대 민족, 이스라엘

성경의 모든 이름에는 그 이름의 뜻이 있다.

아담은 붉은 흙, 사람이고, 하와는 생명, 에노스는 연약한 사람, 에녹은 봉헌, 노아는 위로, 안식이고, 다윗은 사랑받는 자, 여호수아는 히브리어이고 헬라어로는 예수인데 여호와는 구원이시다, 야곱(히브리어) 야고보(헬라어)는 '발뒤꿈치를 잡았다'이다.

하나님은 필요하실 때 이름을 개명하여 불러 주신다.

아브람을 아브라함으로, 그 뜻은 열국의 아버지, 사래를 사라로, 열국의 어머니, 시몬을 게바(히브리어) 베드로(헬라어) 반석이라 하셨다.

야곱이 제일 멋지다. 이스라엘, '하나님과 겨루어 이기었다'이다. 야곱은 12아들을 낳았으나 첫째, 둘째, 셋째 아들 모두 하나님 보시기에 악하여, 넷째 아들 유다가 장자를 이어 간다. 유대에서는 후사 없이 맏아들이 죽으면 가문의 대를 이어 주기 위해 둘째가 의무를 행하여야 하는데 유다의 첫째가 죽고 둘째도 죽자 며느리 다말은 아직 어린 셋째가 장성할 때까지 기다리라 하고 친정으로 보내진다. 많은 시간이 지나고 어느 날, 유다는 다말이 임신했다는 소식을 듣자 주저 없이 불에 태워 죽이라 명한다. 다말이 아이의 아버지로부터 받았다는 도장과 부족을 상징하는 자신의 지팡이를 보내자 유다는 곧 알아보고 뉘우친다.

"그녀가 옳다, 내 잘못이다." 다말은 쌍둥이를 낳았고, 장자 베레스가 대를 이어 간다.

유다의 동생 요셉은 부모의 총애를 받아 어려서부터 색동옷 입고 꿈을 잘 꾸어 형제들의 질투를 받았지만 죽임을 당할 직전에 형 유다의 지혜로 목숨을 구한다.

막냇동생 베냐민을 담보로 남겨야 할 때에도 자신이 대신하겠다고 자청한다. 유대 민족은 유다의 이름을 따라 불리게 되고, 다윗의 조상이 되어, 예수 그리스도가 그에게서 계승이 된다.

유다 이름의 뜻은 "여호와의 이름을 찬양하리로다"인데 유다는 사랑, 용서, 화평과 배려의 천재인 것 같다.

마라나타-! 나의 주님 이제 오시옵소서.

하늘 땅 차이

 우리는 어려서 말을 듣지 않으면 "나가—!"라고 벌을 받는다. 가족에서 떨어지고 공동체에서 추방당하는 것이 공포이고 두려움이다. 프랑스에서는 "au coin(구석으로 가)—!" 갇히는 것이 벌이고 고통이다. 목숨보다 자유를 더 중하게 생각한다.
 우리는 집 뒤에 동산이 있고 좌우에 둔덕진 아늑한 곳을 명당이라고 한다. 태아가 엄마 뱃속에서 느끼는 평안함이다.
 유럽은 산꼭대기에 성을 쌓는다. 높은 곳에 있어야 시야가 확보되고 가장 멀리에서 적을 보고 대비한다. 정복자의 기질과 은둔자의 기질을 어려서부터 벌을 받으며 배운다.
 우리는 나가면 죽고, 프랑스는 갇히는 것을 죽음보다 싫어한다.
 이번 코로나 사태에 대해 각국의 반응에 대해 재미있게 쓴 글을 보았다.
 "일본은 가미가제, 올림픽을 위해 죽음도 불사하고
 중국은 일장춘몽, 이생 저 생, 호접몽이고
 미국은 국가가 간섭 말아라, 죽든 살든 내 자유다,
 이태리는 죽음도 예술이다, 발코니에 모여 박수 치며 노래

한다.
 대한민국은 시스템 작동 시작, 위치 추적, 음압 치료, 내외국민 차별 없이 치료해서 조용히 죽을 수 없다."

 너와 내가 다르고 민족이 다르고 대처 방법도 다르다.
 옳고 그름이 아니고 다름의 차이인데, 하늘 땅 차이이다.

 노아 홍수 후 인간은 100여 년 만에 바벨탑을 쌓기 시작했으나 하나님께서 서로의 언어를 다르게 하시었고, 언어가 다를 뿐이었는데, 다시는 탑을 쌓을 수 없게 되었다.
 오순절, 처음으로 성령님 강림하셨을 때, "성령이 말하게 하심을 따라 다른 언어로 말하여 세계 각국에서 온 사람들이 각각 자기의 난 곳 방언으로 제자들이 말하는 것을 알아들었다"고 했다. 언어가 하나가 되었다.

 하늘에 가면 우리는 모두 하늘나라 언어,
 하나의 말로 소통할 것이다.

 마라나타-! 아멘, 주여 오시옵소서!

태초부터

하나님께서 우주와 천지를 창조하실 때부터 지구는 둥글었고, 해를 중심으로 자전하였으며, 에덴동산에서도 사과는 땅으로 떨어졌다. 그러나 불과 얼마 전까지만 해도 사람들은 지구가 네모난 상자 같아서 바다 끝으로 가면 엄청난 폭포 속으로 수직 강하하는 줄 알았다.

코페르니쿠스(1473~1543) 이전까지 태양계의 중심은 지구이고 해는 동쪽에서 뜨고 서쪽으로 지는 것이라 믿었다.

갈릴레오(1564~1642)는 자신이 만든 망원경으로 천체를 관측하며 멀리 보고 본 사실을 말함으로 종교재판에 넘겨졌지만, "그래도 지구는 돈다!"라고 말한 것이 불과 400여 년 전이다.

아이작 뉴턴(1643~1727)이 떨어지는 사과를 보며 만유인력을 알아내었다고 하지만, 태초부터 사과는 땅으로 떨어졌다.

그는 말하기를 "태양과 행성 그리고 혜성들의 아름다운 운행의 질서는 그들을 만드신 분의 계획과 주관 아래에서만이 가능하다. 자연을 연구함으로 인간은 창조주를 알게 되고, 창조주에 대한 인간의 의무를 알 수 있게 될 것이다. 내가 다른 사람보다 더 멀리 볼 수 있었던 것은 거인의 어깨 위에 서 있었기 때문이다." 그리고 유언으로 이런 말을 남겼다고 한다.

"나는 고작 바닷가에서 조개를 주워 기뻐하는 아이일 뿐이다. 더 많고 엄청난 진리가 있으니 누군가 찾고자 하는 자가 찾을 것이다."

키만큼 보이고, 본 만큼 알고, 안 만큼 믿는다.

마라나타-! 아멘, 주 예수여 오시옵소서!

뇌의 용량

우리가 이 세상에서 일생 동안 사용하는 뇌의 사용량이 5~7% 정도라고 한다. 사람의 뇌의 무게는 1.3~1.5kg으로 체중의 2% 정도 무게이지만, 뇌에는 1,000억 개의 뇌세포가 있고 서로 병렬적으로 연결되어 있어서 10조~100조 개의 신경 네트워크를 형성하고 있다고 한다.

그런데 왜 우리는 다른 기관들은 다 쓰고 가는데,

뇌는 다 사용하지 않을까?

예수님께서는 손바닥의 못 자국과 옆구리의 창에 찔리신 상처가 있는 몸 그대로 부활하셨다. 안식 후 첫날 새벽에 무덤으로 달려간 마리아에게 나타나시고, 그 저녁에 제자들이 문을 닫았으나 들어오시고, 그 후 의심 많은 도마에게 "보지 못하고 믿는 자들은 복되도다" 말씀하셨다.

"여기 무슨 먹을 것이 있느냐?"

물으시고 구운 생선 한 토막도 드시었다.

"내 손과 발을 보고 나인 줄 알라. 또 나를 만져 보라. 영은 살과 뼈가 없으되 너희 보는 바와 같이 나는 있느니라."

하나님께서 태초에 아담을 지으시며 그 코에 생기를 불어 넣어 주셨을 때, 하나님 닮은 영적 능력을 주셨다.

죄의 값은 사망이고 흙으로 빚어진 육체가 한 번 죽는 것은 정해진 것이다. 육은 죽어도 우리의 영은 하나님의 속성을 받았으므로 영원히 죽지 않는다.

아담이 선악과를 따 먹음으로 하나님께서 벌주시고 치신 능력이 어딘가 숨겨져 있는 것 아닐까?

흙으로 돌아간 육체도 예수님처럼 생전의 모습 그대로 부활하지 않을까? 우리도 서른세 살 그 시절의 모습으로…….

서른세 살 예수님처럼 부활하는 것 아닐까?

남겨 두신 뇌도 하나님과 함께 영원한 본향에서 다시 사용하게 된다면 그곳은 얼마나 멋질까!

상상할 수 없는 멋진 일들을
우리는 주님과 함께 영원히 누리게 되는 것 아닐까!

마라나타-, 아멘! 주여, 오시옵소서!

믿음은 순종이다

태초에 하나님께서 말씀으로 천지를 창조하셨다. 그리고 함께 사랑을 나누고 마음을 나눌 친구가 필요하셨다. 흙으로 사람을 지으시고 그 모든 것을 보시며 심히 좋아하셨다. "너희는 많은 자녀를 낳고 생육하고 번성하여 땅을 가득 채워라. 땅을 정복하고 다스리라." 그리고 많고 많은 엄청난 일들이 일어났고, 창세기는 이제 겨우 6장에 이르렀는데 하나님은 도저히 이해하실 수가 없으셨다.

세상이 사람의 죄악으로 가득 찬 것을 보시고 "공연히 사람을 만들었구나. 세상은 이제 막판에 이르렀고, 땅 위는 그야말로 무법천지가 되었구나. 땅 위의 짐승과 공중의 새까지 모두 쓸어버리겠다. 너는 배 한 척을 만들어라"라고 노아에게 말씀하셨다.

방주의 크기와 재료와 설계도 다 해 주시었다. 길이 135m, 폭 22.5m, 높이 13.5m 3층으로 짓고, 창을 내고, 문을 내고, 나무 재료도 정해 주시고, 코로 숨을 쉬는 모든 생물들을 암수 두 마리씩 보내 주셨다. 노아가 산 위에서 방주를 만들자 세상 사람들은 모두 비웃었다. 노아가 방주에 들어가던 그 날까지 사람들은 먹고 마시고 장가들고 시집 가고……

아담을 지으신 후 1,656년 되던 해,
므두셀라가 969세로 죽던 해,
아담의 10대손 노아가 600세 되던 해, 2월 17일,
땅 밑의 깊은 샘이 터지고 하늘의 궁창이 열렸다.
40일 주야로 비가 쏟아지고 물이 150일 땅에 넘쳤다.
노아는 오직 하나님께서 명령하신 대로 순종하고 준행하여
인류의 실제적 조상이 되었다.

믿음은 순종이다. 순종하면 믿는다.
믿음의 반대는 불신앙이 아니고 불순종이다.

마라나타-! "내가 진실로 속히 오리라" 하시거늘
아멘 주 예수여 오시옵소서.

믿는 자만이 순종하고…

아브라함은 하나님께로부터 "고향 아비 집을 떠나 네게 보여 줄 땅으로 가라"라고 부르심을 받았을 때 갈 바를 알지 못하고 떠났으나 순종하여 복의 근원이 되었다.

인간의 선함과 착함이 선택의 기준이 아니다.

우리는 모두 죄에서 태어나서 혈과 육에서 나을 것이 없다. "아브라함이 여호와를 믿으니 이를 그의 의로 여기셨다."

실패와 허물이 많았으나 하나님께서는 "나의 벗 아브라함아!"라고 불러 주셨다. 아브라함이 하란을 떠날 때 그의 나이 75세이고, 86세에 하갈에게서 이스마엘을 낳고, 복의 근원이 되리라고 약속하신 지 25년이 지난 후 약속의 아들 이삭을 낳았다.

100세에 낳은 아들을 제물로 바치라 하신 하나님의 명령에 아침 일찍 일어나 나귀에 안장을 채우고 사흘 길을 밤낮으로 걸었다. 어린 이삭이 물었다. "불과 나무는 있는데 번제로 드릴 어린 양은 어디 있나이까?" 세상의 모든 아버지들과 마찬가지로 "차라리 나를 데려가십시오" 애끓는 간절함으로 마음이 찢어지고 절망이 되었으나 선하신 하나님의 명령에 순종하였다.

하나님께 순종하면 결과는 하나님께서 책임지신다.
"네가 나에게 순종하였으므로 네 후손을 통해 세상의 모든 민족이 복을 받을 것이다. 내 이름으로 맹세하노니 네 후손을 하늘의 별과 같이 바닷가의 모래알처럼 많게 하겠다. 네 씨로 말미암아 천하 만민이 복을 받으리니 이는 네가 나의 말에 준행하였음이라." 유대교, 기독교, 이슬람이 모두 아브라함의 자손임을 자랑스럽게 여기고, 그에게서 예수그리스도가 계승된다.

오직 순종하고 준행하여 믿음의 조상 되었다.

믿는 자만이 순종하고, 순종하는 자만이 믿는다.
믿음은 명사이고, 순종은 언약을 지키는 실체적 동사이다.

마라나타-! "내가 진실로 속히 오리라" 하시거늘
아멘, 주 예수여 오시옵소서.

죽기까지 순종

하나님이신 그리스도께서는 십자가에서 내려오지 않으셨다.

하나님의 아들이거든 십자가에서 뛰어 내려오라, 군중들의 말에 얼마나 뛰어내리고 싶으셨을까…….

수많은 이적을 행하셨으나 때로는 말하지 말라 이르셨다.
"주는 그리스도시요 하나님의 아들이시니이다."

베드로의 고백에 복되도다 축복하시고 천국 열쇠도 맡기셨으나 아무에게도 말하지 말 것을 경고하셨다. 많은 고난 후에 죽임을 당하고 제삼 일에 살아나실 것이 세상에 오신 목적임을 분명하게 말씀하셨다. 하나님의 뜻이 이 땅 위에서 이루어지기 위해 기도하라 가르치시고, 남은 고난에 동참해 줄 것을 부탁하시고, 땅끝까지 복음을 전하라 분부하셨다. 보혜사 성령님이 오시면 예수님보다 더 큰 일을 할 수 있다고 격려해 주시고, 우리가 영원히 거할 곳을 예비하시면 다시 오시겠다 약속하셨다. 잡히시던 날 밤, 이 잔을 내게서 지나가게 하옵소서 간절히 기원하셨고 졸고 있는 제자들에게 한 시간도 나와 함께 기도할 수 없느냐 마음 아파하셨으나 배신한 것은 유다뿐이 아니었다.

"이에 제자들이 예수를 버리고 다 도망하니라."

역사에서 가장 무거운 어둠이 하늘 가득 덮이던 날,
성전의 휘장이 찢어지던 날,
"아버지여, 아버지여, 어찌하여 나를 버리시나이까."
그는 육체에 계실 때에 자기를 죽음에서 능히 구원하실 이에게 심한 통곡과 눈물로 간구와 소원을 올렸고 그가 아들이시라도 받으신 고난으로 순종함을 배워서 온전하게 되셨은즉 자기를 순종하는 모든 자에게 영원한 구원의 근원이 되시었다.

육체의 고난을 몸소 겪으시며 사망의 고통을 이기시고 죽기까지 순종하셨다.

"내가 다 이루었다!"

마라나타-! "내가 진실로 속히 오리라" 하시거늘
아멘, 주 예수여 오시옵소서.

욥의 순종

욥은 하나님께서 자랑스러워하시고 친히 인정하신 의인이다. 사탄이 땅을 두루 돌아 여기저기 다녀왔다고 보고를 드리자 하나님께서 사탄에게 욥을 자랑하심으로 욥기가 시작된다. "그 사람은 온전하고 정직하며 순결하여 하나님을 경외하며 악에서 떠난 자이니라." 그러자 사탄이 악한 말로 충동을 한다. 하나님께서 모르실 리 없었겠지만 승낙하신다.

욥의 고난은 시작되었고, 욥이 입을 열어 자기 생일을 저주하였으나 나를 죽이실지라도 주님 앞에서 자신의 행위를 아뢸 것을 믿음으로 고백한다. 구속자가 살아 계심으로 주께서 정해 놓으신 계획 아래 단련하신 후에 정금같이 될 것을 믿었다.

"내가 가는 길을 그가 아시나니 나의 육체가 다 썩은 다음에라도, 내 호흡이 남아 있는 동안 하나님의 숨결이 아직 내 코에 있는 한, 내 입술이 불의를 말하지 아니하며 나의 온전함을 버리지 아니할 것이라, 나는 하나님을 뵈옵고 나의 행위를 말씀드릴 것이다"라고 할 정도로 자기 의를 드러내는 것으로 바뀌어 간다. 욥과 세 친구들이 인간의 언어와 크기로 하나님의 권능과 위엄을 이야기를 하는 것을 보시고 하나님은 폭풍우 가운데에서 말씀하신다.

"대장부답게 허리를 묶고 내가 묻는 말에 대답하라."

욥은 자기가 스스로 자랑하는 자신의 의가 하나님 앞에서 한 줌의 티끌임을 고백한다.

"내가 주께 대하여 귀로 듣기만 하였사오나 이제는 눈으로 주를 뵈옵나이다. 내가 스스로 거두어들이고 티끌과 잿더미에 앉아 회개합니다."

하나님은 욥의 친구들에게 욥을 통해 번제를 드리라고 말씀하시고 욥이 친구들을 위해 기도를 하면 기쁘게 받을 것을 약속하신다. 하나님은 친구들 앞에서 다시 욥을 세워주셨다. 욥이 말씀에 순종하여 친구들을 위하여 기도하자… 바로, 그 즉시… 하나님께서 욥을 기쁘게 받으시고 욥의 곤경을 돌이키시고 축복하셨다.

마라나타, 아멘 주여 오시옵소서.

완전히 무능하고 무지함을 깨달았다.

사랑의 확증 1

아담을 흙으로 빚으시고 그 코에 생기를 불어넣어 주셨을 때 인간은 선하게 창조되었다. "하나님 보시기에 심히 좋았더라." 아담 이후 130년도 되기 전에 가인은 아벨을 죽였다. "선을 행하지 아니하면 죄가 문에 엎드려 있어도 너는 죄를 다스려야 한다." 하나님께서 가인에게 말씀하셨다. 하나님께서 금지하신 선악과를 따 먹으므로 인간 속에 선함과 악함이 함께 들어온 것 아닐까……. "그것을 행하는 자가 내가 아니요 내 속에 거하는 죄니라 … 곧 선을 행하기 원하는 나에게 악이 함께 있도다"(롬 7:17, 21)

아담은 130세에 자기의 형상과 같은 아들 셋을 낳고 계보를 이어 간다.

한 사건을 놓고 "어떻게?"로 대응하는 것과 "왜?"로 대응하는 것은 그 자세가 사뭇 다르다.

"어떻게 홍해가 갈라졌을까?" 묻는다면 과학적이고 합리적인 근거를 얻게 되고 "왜 홍해는 갈라졌을까?" 묻는다면 창조주 하나님의 목적과 우리의 관계에 대한 해답을 얻게 된다.

과학과 합리를 우선으로 하는 시대를 사는 우리는 언제나 마음으로는 하나님의 법을, 육신으로는 죄의 법을 섬길 수밖에 없다. 지식을 앞세워 일상화된 우리의 모습이 선악과의 결과는 아닌지, 그래서 내 속에 선함과 악함이 함께 거하는 것은 아닌지 생각하게 한다. 하나님의 주권 앞에 우리는 언제나 "왜 이런 일을 허락하셨을까?" 무릎 꿇고 물어야 할 것이다.

한 사람의 불순종으로 많은 사람이 사망의 종노릇 하게 되고, 한 사람의 순종으로 많은 사람이 의인이 되어 영원한 생명에 이르게 하셨다. 성령께서도 우리가 무엇을 기도해야 할지 모를 때, 말할 수 없는 탄식으로, 우리를 대신하여 간구하여 주신다.
그리스도의 피 흘림 없이는 인간은 선해질 수 없다.

마라나타-! "내가 진실로 속히 오리라" 하시거늘
아멘, 주 예수여 오시옵소서.

사랑의 확증 2

 우리는 결혼을 할 때 영원의 상징인 동그란 반지를 서로의 손에 끼워 주며 서약을 한다.
 이제 남편은 부인만을, 부인은 남편만을 영원히 사랑하기로 약속한다. 이 세상에서 나만을 사랑하는 사람이 있다는 것은 무한한 기쁨이고 행복인 것을 우리는 안다.
 나만을 사랑할 거야--.
 사랑은 약속이다. 약속은 지켜져야 아름답다.

 선악과를 먹지 않기로 하나님하고 사랑의 약속을 하고 약속이 지켜질 때 우리는 행복했다.
 하나님께서 온 우주를 만드시고 그리고 함께 사랑을 나누고 대화를 나눌 친구가 필요하셨다.
 "우리의 형상을 따라 우리의 모양대로 사람을 만들자."
 각종 들짐승과 공중의 새를 만드시고 아담이 무엇이라 부르나 보시려고 그것들을 그에게 이끌어 가시니 아담이 각 생물을 부르는 대로 곧 그들의 이름이 되었다.
 마음이 하나가 되어 각 생물들에게 이름을 지어 주는 아담을 보면서 하나님은 얼마나 흐뭇하시고 또 얼마나 자랑스러우셨을까-! 그러나, 그 어느 날 저녁 동산을 거니시는 여호와 하나님의 소리를 듣고도 동산 나무 사이에 숨어 있는 아담과 하와를 보시는 하나님의 마음은 또 얼마나 아프셨을까…….
그럼에도 불구하고 불러 주시고 찾아주시는 나의 아버지, 아담아-! 네가 어디 있느냐? 왜 우리를 사랑하시는가?

"우리가 사랑함은 그가 먼저 우리를 사랑하셨음이라"(요일 4:19)

그분의 사랑이 우리를 존재하게 하였다.
그리스도의 사랑만이 우리를 구원한다.

"우리가 아직 죄인 되었을 때에 그리스도께서 우리를 위하여 죽으심으로 하나님께서 우리에 대한 자기의 사랑을 확증하셨느니라"(롬 5:8)

마라나타-! 아멘, 주 예수여 오시옵소서.

안다는 것과 믿는다는 것

구약은 하나님과 히브리인의 역사 이야기이다.

오랜 시간과 사건 속에서 히브리인은 이미 하나님께서 존재하고 계심을 안다. '누구를… 무엇을… 안다'라고 말할 때 두 가지로 생각해 볼 수 있다. '어떻게'라고 묻는 헬라적 사고는 인간의 두뇌를 작용시켜 방법을 알게 한다. 교육과 지식과 정보 매체를 통해 경험이 없이도 인식적으로 앎이 이루어진다. 우리는 방탄소년단에 대해서는 잘 안다. 관심이 있으면 언제 어디서 어떤 옷을 입고 노래를 했으며 누구와 무엇을 먹었는지 개인적이고 세세한 것까지 정보 소식 매체를 통해 알게 되고 만난 적은 없지만 BTS를 안다고 말한다.

히브리인들은 왜라고 목적을 부르므로 인격적 관계가 시작되고 함께 감정들을 체험하고 직접적으로 경험한 만남을 통해 지·정·의로 아는 것을 안다고 한다.

'왜'라고 물으면… 상황을 주관하는 것이 내가 아니고 하나님이심을 알게 한다. 하나님의 의도하심과 목적을 알게 되고, 믿으며 신앙이 자란다.

아는 것이 신뢰이고 그것이 곧 믿음이다.

모세가 가시덤불 떨기나무에 꺼지지 않는 불 앞에서 하나님의 음성을 듣고 "이스라엘이 내게 묻기를 보내신 자 그의 이름이 무엇이냐 물으면 내가 무엇이라 말하리이까, 하나님이 모세에게 이르시되 '나는 나다-!!!' 너희 조상 아브라함의 하나님, 이삭의 하나님, 야곱의 하나님께서 나를 너희에게 보내셨다 하라. 이는 나의 영원한 이름이요, 대대로 기억할 나의 칭호니라."

히브리인들은 그의 이름을 알았고, 믿고, 순종하여 모세를 따라 약속하신 가나안으로의 행군을 시작했다.

마라나타-! "내가 진실로 속히 오리라" 하시거늘
아멘, 주 예수여 오시옵소서.

베다니 마을의 세 남매

예루살렘에서 동남쪽으로 5리 정도 떨어진 감람산 기슭, 베다니 마을에 마르다, 마리아, 나사로 세 남매가 살고 있었다.

세 남매는 온 마을 사람들이 다 알 만큼 예수님의 각별한 사랑을 받았다. 마리아는 향유를 주님께 붓고, 자기의 머리털로 주님의 발을 닦아 드렸고 오빠가 병이 나자 주님께 부탁을 드렸다.

"예수님, 주님께서 사랑하시는 사람이 앓고 있습니다."

"이 병은, 죽을 병이 아니라 하나님의 영광을 드러낼 병이다."

예수님께서 본래 그들을 사랑하시더니 병들었다 함을 들으시고 오히려 계시던 곳에 이틀이나 더 머무시었다.

유대 풍습에는 사람이 죽으면 사흘 동안 사망을 확인하고 나흘 만에 장사를 지내는 풍습이 있다. 나흘 만에 예수님이 베다니로 오셨다. 병을 고쳐 주심이 아니고 사망에서 생명을 주시기 위함이셨다. 예수님께서 오셨다는 이야기를 듣자 달려나간 마르다의 고백이다. "주님께서 여기 계셨더라면 제 오라버니가 죽지 않았을 거예요. 그러나 지금이라도 주님이

구하시는 것은 무엇이든지 하나님이 주실 것으로 압니다."

"네 오라비가 다시 살아나리라."

"마지막 날 부활 때에 다시 살아날 것은 저도 아나이다······."

"나는 부활이요 생명이니 나를 믿는 자는 죽어도 살 것이며 누구든지 살아서 나를 믿는 자는 영원히 죽지 아니하리니 네가 이것을 믿느냐?" "예, 주님. 주님이 세상에 오실 그리스도이시며 하나님의 아들이심을 내가 믿나이다." 아마도 마르다는 베드로의 신앙고백을 들어 알고 있던 것 같았고, 당시 모든 초대 교인들의 신앙이었으리라. 집에 있던 마리아도 달려 나갔다.

"주님이 여기 계셨으면 제 오라버니가 죽지 않았을 거예요."

예수님께서 마리아가 우는 것을 보시고, 심령에 불쌍히 여기사 비통한 마음이 북받쳐서 흐느끼시며 눈물을 흘리셨다.

"나사로야! 나오너라-!"

나사로를 살리신 이야기는 마태, 마가, 누가, 세 복음에서 침묵하고 있다. AD 90년경에 쓰인 것으로 알려진 요한복음에만 유일하게 기록되어 있다. '왜' 그랬을까?

베다니 마을의 나사로 이야기

예수님께서 육신을 입고 이 세상에 사시는 동안에 기쁘시고, 슬프시고, 힘드시고, 시장하시고, 땀도 흘리시고, 울기도 하셨다.

평화의 성, 예루살렘이 그 어느 날, 돌 하나도 돌 위에 남지 않고 엎어질 것을 바라보시며 통곡하시었고(눅 19:41),

실제로 AD 70년 로마의 티투스에 의해 성전은 파괴되었다.

그리고… 사랑하시던 나사로의 무덤 앞에서 눈물을 흘리시었다.

그해에 대제사장이 된 가야바와 바리새인들이 나사로를 살리신 그날부터 예수를 죽일 모의를 했고(요 11:53),

나사로 때문에 많은 유대인이 예수를 믿기 시작하니 나사로까지 죽이려고 했다(요 12:10).

왜 나사로 살리신 이야기가 요한복음에만 기록되었을까?

마가는 베드로 순교 후 첫 복음서를 기록하였으나 말하지 않았고, 예수님이 직접 불러 제자 삼은 세리였던 마태의 복음에서도, 바울의 주치의였던 누가의 복음서에도 기록이 없다.

다만, 마태와 마가는 베다니 마을에 시몬이라는 나병 환자를 예수님께서 고쳐 주셨고 식사하실 때 한 여자가 값진 옥합을 깨고 귀한 향유를 머리에 부었다고 기록하는데(마 26:6; 막 14:3) 세 복음서보다 늦게 쓰인 요한만은 그 여자가 바로 마리아라고 기록하고 있다(요 11:1-2).

 세 복음을 기록하던 초기 기독교인들은 나사로를 걱정하며 암묵한 것 아닐까? 충분히 유추해 볼 수 있지 않을까?
 나병 환자 시몬은 베다니 마을 세 남매의 오빠이고, 나병을 고쳐 주시고 나사로라 새 이름을 주신 것 아닐까?
 나사로는 하나님이 도우셨다는 뜻이다.
 베드로도 원래 본이름은 시몬이었으나 예수님께서 베드로라 개명해 주시었다.

 나사로는 어딘가에서 예수, 부활, 복음 증인이 되어 오랫동안 복되게 살았으리라-!!!

 마라나타- 아멘, 주님 이제 오시옵소서.

베들레헴에서 베다니로

베다니는 고난, 슬픔의 집이라는 뜻인데 가난한 사람들이 모여 사는 마을이다. 그곳에 나병 환자 시몬의 집이 있는 것으로 보아 나병 환자들이 모여 살았던 동네로 추정하기도 한다.

예수님은 제자들과 함께 자주 이 베다니에 머무셨다.

주님께서도 생전에 율법을 잘 지키신 것 같다. 이 마을은 예루살렘에서 가까워 안식일에 가기 알맞은 거리에 있었다(행 1:12).

"예수께서 예루살렘 성에서 … 때가 이미 저물매 열두 제자들을 데리시고 베다니에 가서 유하시니라. 이른 아침에 성으로 들어오실 때에 시장하신지라."(마 21:18; 막 11:12)

베다니에 유하셨는데 조반도 들지 못하셨을까? 무화과나무로 가셨는데 잎만 무성하고 열매가 없었다. 무화과는 말 그대로 꽃이 없고 열매부터 맺기 때문에 잎이 무성하다는 것은 이미 열매가 맺혀 있어야 했다(마 21:19; 막 11:11-14).

나사로를 살리신 이야기는 성경에서 유일하게 요한복음에서도 11장과 12장에만 기록되어 있다. 그 이튿날 유월절, 베다니에서 어린 나귀를 타고 종려나무 가지 들고 환영하는 예루살렘으로 입성하시었다. 오히려 유월절 전에 행하신 최후의 만찬과 세족식이 13장에 있으니 마치 나중에 끼워 넣은 듯하다.

베드로와 바울이 순교한 것은 AD 66~68년경이라 하고, 예루살렘은 AD 70년에 무너져 내렸다. 요한이 복음서를 집필한 것은 AD 90년경 에베소에서였을 것으로 신학자들은 말하고 있다.
요한도 세월이 지나 이제는 말할 수 있다고 생각한 것 아닐까?

부활하신 예수님은 "그들을 데리고 베다니 앞까지 나가사 손을 들어 축복하시더니 축복하실 때에 그들을 떠나 하늘로 올려지시니"(눅 24:50-51) 예수님은 베다니 앞에서 승천하셨다.

예수님께서 다시 오실 때 베다니 하늘 위로 오실까?
슬픔의 마을은 축제의 마을이 되고
이루 말할 수 없는 큰 기쁨으로 주님을 맞이할 것이다.

갈릴리, 오 갈릴리…

예수님은 베들레헴에서 태어나시고 나사렛에서 어린 시절을 보내고 갈릴리에서 사역하시었다. 갈릴리는 예수님께서 성장하신 곳이며(마 2:22), 공생애의 대부분을 이곳을 중심으로 활동하시었다.

북부 레바논의 헬몬산에서 흘러내린 갈릴리 바다는 넓은 호수인데, 게네사렛, 긴네렛, 디베랴 등 다른 명칭으로도 불린다. 갈릴리 해변에서 제자들을 부르셨고(마 4:18-21; 막 1:16; 눅 5:1), 온 갈릴리를 두루 다니시며 가르치시고 많은 이적을 베푸시고(마 4:23), 호수의 거센 폭풍을 꾸짖으시고 잠재우시고(마 8:23; 막 4:39; 눅 8:22), 물 위를 걸으셨으며(마 14:25; 막 6:48; 요 6:19), 부활 후 낙심한 제자들에게 다시 찾아오신 곳이다(요 21:1). 갈릴리는 요단 강줄기로 흘러 사해에 이른다. 사해는 지구상에서 가장 낮은 곳이라 강물이 더 이상 흘러내려 갈 곳이 없는 곳이다.

안식 후 첫날 아직 어두운 새벽에 세 여인(막달라 마리아, 작은 야고보의 어머니 마리아, 살로메)이 무덤을 찾아왔다. 세 여인은 누가 돌문을 열어주리오, 하고 걱정했지만 돌문은 이미 열려 있었고, 예수님께서 이렇게 말씀하셨다. "내 형제들에게 갈릴리

로 가라 하라 거기서 나를 보리라"(마 28:10)

마가는 이렇게 기록하고 있다.

"너희가 십자가에 못 박히신 나사렛 예수를 찾는구나. 그가 살아나셨다." "… 가서 그의 제자들과 베드로에게 이르기를 예수께서 너희보다 먼저 갈릴리로 가시나니 전에 너희에게 말씀하신 대로 너희가 거기서 뵈오리라"(막 16:7)

먼저 갈릴리로 가시니 거기서 뵈오리라!

부활하신 후 제자들과 첫 번째 랑데부를 갈릴리로 정하셨다. 예수님께서 이전에 갈릴리에 계실 때 하셨던 말씀들을 기억하고, 생각나게 하시려고 우리에게 갈릴리로 오너라, 갈릴리에서 만나자, 라고 말씀하셨다.

왜 갈릴리일까?

마라나타-! 아멘, 주여 오시옵소서.

갈릴리 혼인 예식

예수님께서 요단강 건너편 베다니에서 세례요한에게 세례를 받으시고(요 1:28), 사흘 후 가나의 혼인 잔치에 가셨다(요 2:1). 당대 갈릴리의 혼인 풍습을 알면 성경 읽기가 재미있다.

갈릴리에서는 남녀가 약혼하면 신랑은 나팔 불며 온 마을에 약혼식을 알리고 모든 사람을 초청한다. 그들은 약혼의 보증인이고, 식은 간단하다. 신랑이 신부에게 서약서를 주고 둘은 포도주를 마신다. 신랑이 특별히 준비한 잔으로 포도주를 따라 주는데 신부에게 결혼 의사가 있으면 그 잔을 마심으로 많은 증인 앞에서 정혼을 승낙한다. 신랑도 같은 잔으로 마시면서 결혼할 때까지 이 잔으로 포도주를 마시지 않을 것을 맹세한다.

"내가 포도나무에서 난 것을 이제부터 내 아버지의 나라에서 새것으로 너희와 함께 마시는 날까지 마시지 아니하리라 하시니라"(마 26:29)

이제 정혼하였고, 약혼 후 신랑은 그들이 살 집을 짓는다. 대체로 부모님 집 옆에 새롭게 방을 꾸민다. 가구와 이불,

그릇 등 새살림에 필요한 모든 것을 준비한다. 결혼식 날짜는 미리 정하지 않는다. 신랑의 아버지만이 결혼 날짜를 정하기 때문이다. 그날을 정하는 것은 양 가족 중에 오직 신랑 아버지의 권한이다.

"그러나 그 날과 그 때는 아무도 모르나니 하늘의 천사들도, 아들도 모르고 오직 아버지만 아시느니라"(마 24:36)

혼인 잔치는 신랑 집에서 한다. 그날 그 시간이 되면, 아버지께서 말씀하실 것이다.

"아들아! 오늘이다. 가서 네 신부를 데리고 오너라."

갈릴리 사람들은 사랑의 언약을 예전부터 알고 있었고, 제자들도 예수님의 말씀을 다 알아들었고, 전부 이해했으리라.

마라나타-! 아멘, 주 예수여, 이제 오시옵소서.

갈릴리 혼인 잔치

　정혼한 신부는 예복을 준비한다. 상점에 가서 좋은 옷감을 골라 재단하고, 신부복을 정성껏 만든다. 예복 준비가 끝난 신부는 그날을 위해 밤이나 낮이나 귀를 열고 기다린다. 그날이 오늘 밤일지 내일일지는 아무도 모른다. 그때 즈음해서는 밤에도 예복을 입고 잔다. 누웠지만 귀는 닫지 않는다. 그때에 천국은 마치 등을 들고 신랑을 맞으러 나간 처녀와 같다. 미련한 여자는 등은 있으나 기름을 준비하지 못한 고로 등불을 켜지 못한다. 또한, 약혼식 때 신랑으로부터 열 드라크마 동전을 받았는데, 그중 아무도 모르게 신랑이 표시한 동전을 찾아야 한다. 결혼식 때 그 동전을 찾아 열 개의 동전들 가운데 걸어 사랑의 언약을 입증해야 하기 때문이다. 여인이 등불을 켜고 집을 쓸며 동전을 부지런히 찾는 애절함이 나오는데, 이는 갈릴리 약혼녀의 책무이다.
　신랑이 신부에게 갈 때는 통보를 안 하는 것이 갈릴리의 관례이다. 신랑 친구들은 신부를 태워 갈 가마를 메고 문을 두드리며 문밖에서 기다린다. "밤중에 소리가 나되 보라 신랑이로다 맞으러 나오라"(마 25:6)
　준비하고 기다리던 신부는 등불을 켜고 가마를 타고 신랑의 집으로 가서 이제부터 일주일간 베풀어질 잔치의 주인공이 될 것이다. "때와 시기에 관하여는 너희에게 쓸 것이 없음은 주의 날이 밤에 도둑 같이 이를 줄을 너희 자신이 자세히 알기 때문이라"(살전 5:1-2) 우리는 신랑 되신 예수님께서 다시 오실 것을 자세히 잘 알고 있다.

"그런즉 깨어 있으라 너희는 그 날과 그 때를 알지 못하느니라"(마 25:13)

그날이 언제인지 아는 것보다 더 중요한 것은,
그날이 올 것을 믿고 예비하는 것이다.

마라나타-! 아멘, 주여 오시옵소서.

갈릴리의 기적

예수님께서 부활하신 후, 미리 약속하신 갈릴리 호수로 찾아오셨으나 제자들은 주님이신 줄 몰랐다(요 21:4). 바로 그 전날 베드로가 "나는 다시 물고기나 잡으러 가야겠다" 하니 다른 제자들도 함께 배에 올랐으나 아무것도 못 잡았다. 예수께서 이르시되 "그물을 배 오른편에 던져라", 이에 던졌더니 물고기가 너무 많아 그물을 들 수가 없었다.

조반 후 예수님이 시몬 베드로에게 물으셨다.

"네가 나를 이 사람들보다 더 사랑(agape)하느냐?" 사랑을 아가페로 물으셨다. 헬라어로 사랑은 네 종류가 있다. 아가페는 하나님의 무조건적인 사랑을 의미한다. 이에 베드로는, "주님, 내가 주님을 사랑(philia)하는 줄 주께서 아시나이다"라고 대답했다. 필리아는 친구나 가족 간의 사랑을 의미한다.

주께서 두 번째 물으셨다. "네가 나를 사랑(agape)하느냐?" 풀이 죽은 베드로가 대답했다. "내가 주를 사랑(philia)하는 줄 주께서 아시나이다."

그러자 주님께서 세 번째 물으셨다. "네가 나를 사랑(philia)하느냐? 베드로가 근심하며 대답했다. "주여, 모든 것을 아시오매 내가 주를 사랑(philia)하는 줄을 주께서 아시나이다."
　주께서는 세 번 물으시고, "내 어린 양을 먹이라", "내 양을 치라", "내 양을 먹이라"라고 말씀하셨다.

　예수님은 주님을 모른다고 세 번이나 목청을 높였던 베드로를 만나러 갈릴리까지 찾아오셨다. 그리하여 베드로 스스로 자신을 시인하고 고백하게 함으로써 완벽한 사랑(agape)을 회복시켜 주시었다. 그 후로 베드로는 십자가에 거꾸로 매달려 순교했다고 전해진다. 죽음이 두려워 도망쳤던 나머지 제자들도 부활하신 예수님을 만난 후, 부활의 증인이 되어 땅 끝까지 복음을 전하며 순교했다.

　마라나타! 아멘, 주여, 오시옵소서.

예수 부활하셨다

안식 후 첫날 아직 어두울 때에 막달라 마리아가 무덤에 와서 돌이 무덤에서 옮겨진 것을 보고 제자들에게 달려가 사람들이 주님을 어디 두었는지 알지 못하겠다 하니, 베드로와 요한이 달려갔으나 세마포가 놓여 있고 머리를 쌌던 수건은 딴 곳에 쌌던 대로(머리 모양대로 둥글게 말려서) 놓여 있었다(요 20:1-7). 요한과 베드로는 예수님을 만나지 못했다(눅 24:24).

무덤 밖에서 울고 있던 마리아에게 예수께서 친히 부르셨다. "마리아야! 어찌하여 울며 누구를 찾느냐." 마리아는 즉시 제자들에게 달려가 "내가 주를 보았다"(요 20:18)라고 전했으나 그들은 예수께서 살아나셨다는 것과 마리아에게 보이셨다는 것을 듣고도 믿지 아니하였다(막 16:11).

사도들은 그들의 말이 허탄한 듯이 들려 믿지 아니하고(눅 24:11), 엠마오로 가던 두 제자에게 예수께서 나타나시니 두 사람이 가서 남은 제자들에게 알리었으나 역시 믿지 아니하니라(막 16:12; 눅 24:13). 이날 저녁, 제자들이 유대인들을 두려워하여 모인 곳의 문들을 닫았더니 예수께서 오사 가운데 서서 손과 옆구리를 보이시고, 그들을 향하여 숨을 내쉬고 이르시되 성령을 받으라(요 20:19-22). 그들이 놀라고 무서워하여 보는 것을 영으로 생각하는지라. 예수께서 "어찌하여 두려워하며 마음에 의심하느냐. 내 손과 발을 보고 나인 줄 알고 또 나를 만져 보라. 영은 살과 뼈가 없으되 너희 보는 바와 같이 나는 있느니라" 하셨다. 그들이 너무 기뻐하나 아직도 믿지 못하고 놀랍게 여기니 구운 생선 한 토막도 드시었다(눅 24:37-42). 이날 도마는 없었다.

여드레를 지나, 제자들이 다시 집 안에 있을 때에 문들이 닫혔는데 예수께서 오사 도마에게 이르시되 "네 손가락을 이리 내밀어 내 손을 보고 내 옆구리에 넣어 보라 그리하여 믿음 없는 자가 되지 말고 믿는 자가 되라", 도마가 대답하여 이르되 "나의 주님이시요 나의 하나님이시니이다"(요 20:28).

의심하며 두려움에 떨던 제자들이 바뀌었다.
마라나타! 아멘, 주여 오시옵소서.

성령이 오셨네!

"예루살렘을 떠나지 말고 내게서 들은 바 아버지께서 약속하신 것을 기다리라 … 오직 성령이 너희에게 임하시면 너희가 권능을 받고 예루살렘과 온 유대와 사마리아와 땅끝까지 이르러 내 증인이 되리라 하시니라"(행 1:4, 8)

주께서 말씀하신 대로 제자들은 예루살렘으로 돌아와 마가의 다락방에 약 120명이 모였다. 제자들과 어머니, 마리아와 주님의 아우들이 마음을 같이하여 오로지 기도에 힘쓰더라. 주님의 동생들은 야고보와 요셉과 유다와 시몬, 형제들과 누이들이 있었다(막 6:3). 그들은 생전에 주님을 믿지 아니하였다(요 7:5).

주께서 승천하시고 열흘이 지난 유월절 아침, 현재 시간으로 오전 9시(행 2:15). "홀연히 하늘로부터 급하고 강한 바람 같은 소리가 있어 온 집에 가득하고, 마치 불의 혀처럼 갈라지는 것들이 각 사람 위에 하나씩 임하더니, 그들이 성령 충만함을 받아 각 나라 사람들 언어로 말하니 다 놀라 신기하게 여겨 이르되, 보라 이 사람들이 다 갈릴리 사람들이 아니냐. 우리 난 곳 방언으로 듣게 되는 것이 어찌 됨이냐."(행 2:2-8)

그곳에 모인 사람들 모두가 그 언어를 알아들었다.
바벨에서 흩으신 언어를 하나의 언어로 모으신 것 아닐까.

구약은 하나님께서 많은 민족 중에서 이스라엘을 택하시고, 그중에서도 특별히 선택하신 사람들에게 말씀하셨다. 신약은 주님께서 육신을 입고 이 세상에 오셔서 그 당시 유대 사람들에게 말씀하셨다. 그러나 오순절 이후 보혜사 성령님은 각 사람 모두에게 임하셔서 우리는 언제 어디서나 하나님과 직접 통화할 수 있게 되었다.

구약은 성부 하나님 시대이고,
신약은 성자 하나님 시대이며,
오순절 이후 우리는 성령 하나님 시대이다.

마라나타! 아멘, 주 예수여 오시옵소서.

주님 다시 오신다

"갈릴리 사람들아 어찌하여 서서 하늘을 쳐다보느냐 너희 가운데서 하늘로 올려지신 이 예수는 하늘로 가심을 본 그대로 오시리라"(행 1:11)

예수님은 하늘로 올려지신 모습 그대로 다시 오신다.

우리를 위하여 처소를 예비하시면 우리를 데리러 공중으로 강림하실 때 우리는 하늘로 들려 올라가 공중에서 주님을 만난다.

그날에! 주께서 하늘로 강림하실 때-!!!

주 안에서 죽은 자들이 먼저 일어나고, 살아남아 있던 우리는 돌연히 마치 순간이동 하듯 하늘로 들려 올려진다.

"그 때에 두 사람이 밭에 있으매 한 사람은 데려가고 … 두 여자가 맷돌질을 하고 있으매 한 사람은 데려가고 …"(마 24:40-41)

"… 그 날이 도둑 같이 너희에게 임하지 못하리니 너희는 다 빛의 아들이요, 낮의 아들이라 우리가 밤이나 어둠에 속

하지 아니하나니 … 오직 깨어 정신을 차릴지라"(살전 5:4-6)

"주께서 호령과 천사장의 소리와 하나님의 나팔 소리로 친히 하늘로부터 강림하시리니 그리스도 안에서 죽은 자들이 먼저 일어나고 그 후에 우리 살아 남은 자도 그들과 함께 구름 속으로 끌어 올려 공중에서 주를 영접하게 하시리니 그리하여 우리가 항상 주와 함께 있으리라"(살전 4:16-17)

아브라함, 이삭, 야곱, 다윗, 베드로, 바울, 요한, 그리고 할아버지, 할머니, 아버지, 어머니께서 첫째 부활에(계 20:5) 임하실 것이고, 우리는 사랑하는 사람을 다시 만나 기뻐 뛰며 소리치고 찬양하며 '이레 동안'(단 9:27) 어린양 혼인 잔치를 할 것이다.

마라나타-! 아멘, 주여 오시옵소서.

주께서 그러하심같이

"주께서 그러하심과 같이 우리도 이 세상에서 그러하니라" (요일 4:17) 이 세상에 살면서 기독교인이 듣고 싶은 최고의 찬사가 있다면 그것은 예수님 닮았다는 소리를 듣는 것이다.

"하나님이 우리를 사랑하시는 사랑을 우리가 알고 믿었노니 하나님은 사랑이시라 사랑 안에 거하는 자는 하나님 안에 거하고 하나님도 그의 안에 거하시느니라 이로써 사랑이 우리에게 온전히 이루어진 것은 우리로 심판 날에 대담함을 가지게 하려 함이니 주께서 그러하심과 같이 우리도 이 세상에서 그러하니라 … 우리가 사랑함은 그가 먼저 우리를 사랑하셨음이라"(요일 4:16-17, 19)

사랑에는 두 가지 속성이 있다. 사랑은 강하고 능력이 있고 위대하다. 한편 사랑은 약하고 무력하고 무능하다. 비 오는 날 교통사고로 아들이 차에 깔리면 어머니는 그 차를 들어 올릴 수 있다. 사랑은 크고 놀라운 일을 하게 한다. 수많은 기적을 일으키며 병들고 지친 자를 고쳐 주시고 죽은 나사로 살려 주신다. 그러나 사랑은 탕자가 집을 떠날 때 잡을 수 없고 왼뺨을 맞으면 오른뺨을 내주어야 하고 겉옷을 달라 하면 속옷까지 주어야 한다. 또한 예수님은 죽기까지 십자가

위에서 내려오지 않으셨다. "누구든지 자기 십자가를 지고 나를 따르라."(눅 14:27)

가장 위대한 하나님의 사랑(+)과 죽기까지 순종하신 예수님의 사랑(-)이 플러스, 마이너스로 하늘에서 만나 천둥 번개치듯이 십자가에서 인류 구원이 이루어졌다.

"하나님이 미리 아신 자들을 또한 그 아들의 형상을 본받게 하기 위하여 미리 정하셨으니 이는 그로 많은 형제 중에서 맏아들이 되게 하려 하심이니라 또 미리 정하신 그들을 또한 부르시고 부르신 그들을 또한 의롭다 하시고 의롭다 하신 그들을 또한 영화롭게 하셨느니라"(롬 8:29-30)

마라나타-! 주 예수여 오시옵소서.

하나님이 세상을 이처럼 사랑하사

우리가 세상을 살면서 너와 나 사이에 문제가 생기면 대체로 다음 두 가지 형태로 대응한다.

1. 피한다, 도망한다, 무관심, 모른 척한다. 수동적 대응이다. 고상하고 지성적인 것 같지만 회피성 이기주의이다. 설교가(교회가) 마음에 들지 않으면 조용히 떠난다. 대처하지 않으면 어느 날 텅 빈 교회의 모습만 남는다.

2. 싸운다. 능동적 대응이다. 선악과를 따 먹은 후 인간의 절반 이상이(70~80%) 문제를 해결하는 방법이다. 내가 선하니 네가 악하고, 나는 잘 했고 너는 잘못했다. 거기에 욕심까지 더해지면 이 세상의 전쟁은 끝이 없다. 결코 문제가 해결되지 않는다.

예수님께서 가르쳐 주신 세 번째 방법이 있다. 우리는 예배 드릴 때마다 언제나 이렇게 주께서 가르쳐 주신 기도를 드린다.

"우리가 우리에게 죄 지은 자를 사하여 준 것 같이 우리 죄를 사하여 주옵시고"(마 6:12)

내가 잘못한 것은 용서를 받는다. 나는 잘못이 없고 상대방이 잘못했다면 용서하라. 내가 옳다고 생각한다면 더 자신 있게 용서하라! "그의 형제를 사랑하는 자는 빛 가운데 거하여 자기 속에 거리낌이 없으니"(요일 2:10)

내가 네 죄를 용서해 주었으니 믿는다면 너도 그렇게 하라 하신다. 우리는 주께서 대신 값을 치러 주셨고, 나는 더 많은 것을 거저 받았다.

"하나님이 세상을 이처럼 사랑하사 독생자를 주셨으니 이는 그를 믿는 자마다 멸망하지 않고 영생을 얻게 하려 하심이라"(요 3:16) 우리가 이제 죽지 않고 영생을 소유하게 되어 있는 자라는 확증을 받았다면 일곱 번씩 일흔 번이라도 용서하라. 그리고 사랑하라.

하나님이 세상을 이처럼 사랑하셨으니…….

하나님은 실수하지 않으신다

1974년경 여름이었다.

어느 주일 미국인들 십여 명이 예배가 끝날 때쯤 들어와 뒷자리에 앉아 예배를 드렸다.

내용을 들어보니 자신들은 옆에 있는 외인 아파트 주민들인데 성도들끼리 예배를 드릴 수는 있는데 목사님이 아직 못 오셔서 축도를 받을 수 없으므로 우리 교회에 와서 한강교회 목사님의 축도를 받고 싶다고 했다. 그렇게 두 달 정도 오시더니 이제 목사님이 오시었다고 목사님 댁 아파트에서 예배를 드린다고 했다. 몇 달이 지난 후 교인들이 많아져서 혹시 우리 교회를 빌려 예배드릴 수 있는가 문의가 와서 오후 2시, 3부 예배를 외국인 영어 예배로 드리게 되었다.

그렇게 1년이 지났을까?

당시에는 한강 변이 정리가 되어 있지 않아서 아파트 언덕 자갈밭을 내려가면 모래밭을 지나 곧바로 한강이었다.

여름이었고, 예배드리는 중에 목사님의 어린 아들이 혼자 물놀이하다 변을 당했다고 했다.

반백의 목사님은 늦은 나이에 아들을 두셔서 애지중지 키우셨다. 온 교인은 슬픔에 잠겼다.

언어의 소통도 어려웠지만 감히 위로의 말씀을 드릴 수 없었다.

서로들 발끝만 내려다보며 눈물만 흘렸다.

일주일이 지나고 주보에 Bob Hornsby 목사님 설교 제목이다.

'실수하지 않으시는 하나님'

우리는, 우리의 머리털까지 세시는 하나님을 알고, 믿고, 그분의 사랑하심을 믿는다(마 10:30).

마라나타! 아멘, 주여 오시옵소서.

제2부
에벤에셀

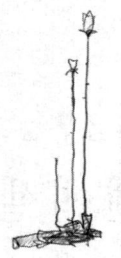

태초에…

태초에, 천지가 창조되었고 마지막 날이 온다.
이 세상은 시작이 있고, 그리고 끝이 있다.
지구는 영원한 곳이 아니다.
우리에게는 돌아갈 본향, 하늘나라가 있다.

우주의 이치를 지식으로 푸는 과학자들은 태양 성운에 있던 수소와 먼지와 구름들이 어느 날 서로 잡아당기기 시작했고 가스 구름이 작아지면서 뜨거워지고 스스로 팽창하고 밀어내며 폭발하여 달과 별과 지구가 생겼다고 한다.
그렇다면 수소와 먼지와 구름의 근원 물질은 어디서 왔을까?
무엇이 태양계의 각 별들이 완벽한 거리를 유지하며 우주의 질서 속에서 정확하게 회전하게 하였을까?
어느 날? 스스로? 우연히?
천문학자들은 우리가 볼 수 있는 태양계, 하늘의 별들은 일천억 개의 별 무리가 모인 은하수로 이루어져 있으며 우주에는 일천억 개의 은하계가 있다고 한다.
그 일천억… 억… 억… 모든 별들은 이름이 있다.

"하나님께서 별들의 수효를 세시고 그것들을 다 이름대로 부르시는도다."(시 147:4; 사 40:26)

하늘의 별들에게 제각기 이름을 지어 주시고 그 이름대로 불러 주신다. 내 이름표를 달고 내가 오기를 기다리는 나의 별이 저 하늘 어딘가에 있을 것 같다.

"태초에 하나님이 천지를 창조하시니라"라고 성경은 시작한다.
시간이 시작되고 역사가 시작되었다.
말씀을 믿으면 신앙(믿음)을 선물로 받고
믿기로 작정하면 하나님의 자녀가 되는 특권을 주신다.

"우리 주 하나님이여 영광과 존귀와 권능을 받으시는 것이 합당하오니 주께서 만물을 지으신지라 만물이 주의 뜻대로 있었고 또 지으심을 받았나이다"(계 4:11)

하나님의 영은 수면 위에 운행하시니라

　창세기 1장 1절과 2절 사이에 얼마의 시간이 지나갔는지 우리는 모른다. 왜 땅이 혼돈하고 공허하며 흑암의 깊음 위에 있게 되었는지 모른다. 교만해진 천사장의 타락으로 천지와 우주가 깊은 흑암 속에 있게 되었을까?
　"지구는 아무 형태도 없이 텅 비어 흑암에 싸인 채 물로 뒤덮여 있었다."(새번역 성경)
　그러나 "하나님의 영은 언제나 수면 위에 운행하고 계시었다."
　수면 위에 '운행'하시니라의 히브리어는 '라하프'인데
　암탉이 달걀을 가슴에 '품는다'는 의미도 있다.

　봄, 여름, 가을, 겨울……. 우리는 언제나 하나님의 숨길을 본다.
　누렇게 메마른 낙엽을 헤치며 연초록빛 작은 새순이 돋아 오르는 것을 볼 때……. 울창한 나무들이 해마다 자신의 나이테를 늘리며 커 가는 것을 볼 때……. 고운 단풍잎을 스스로 떨어뜨리고 당당하게 하얀 서리 눈꽃으로 나뭇가지를 피워 낼 때…….

우리는 창조주 하나님의 신비한 사랑에 가슴이 멘다.

깊은 절망과 두려운 암흑 속에서도 하나님의 영은 운행하고 계시었다. 어둠에서 밝음으로… 혼돈에서 평화로… 미완에서 완성으로… 사망에서 부활로… 죽음에서 영원한 안식으로 나아간다.

저녁이 되고, 그리고 새날이 온다.
하나님의 창조 질서는 "저녁이 되며 아침"이 온다.
이 세상이 끝이 아니다.
새 역사를 이루기 위한 훈련장이다.

영원한 새 하늘과 새 땅을 이루어 가기 위하여
하나님의 영은
오늘도 우리와 함께 우리 곁에서 운행하시며
주님의 날개 아래, 그의 가슴으로 품어 주신다.

빛이 있으라!

빛이 있으라 이르시니 말씀대로 빛이 있었다.
하나님의 첫 번째 창조 역사는 흑암에서 빛으로,
어두움에 빛을 주셨다. 빛은 에너지이다.
모든 생명체는 빛으로부터 삶의 근원인 힘을 얻는다.
어두움은 존재하지만 실체가 없으니 실상 아무것도 아니다.
"하나님은 빛이시라. 그에게는 어두움이 조금도 없으시다."
그림자는 존재하지만 실체의 허상일 뿐이다.
빛이 오는 순간 어두움은 사라진다.
빛은 태양보다 먼저 있었다.
빛을 낮이라 하시고 어둠을 밤이라 이름 지어 주시니,
저녁이 되고 아침이 되어 이는 첫째 날이었다.
이 지구상에 첫 번째 날,
하루가 시작되었고, 시간과 공간을 정해 주셨다.

어제는 오늘이 지나간 그림자
절대로 되돌릴 수 없다.
내일은 항상 내일, 오지 않을 미래의 시간이다.
오늘만이 완전하고 확실하게 내게 주신 나의 날이다.

허물 많은 과거의 잘못은 주님 사랑 속에 던져 버리고,
결코 오지 않을 내일의 시간은 주님 섭리 안에 맡겨 드리고,
언제나 오늘, 주어진 이 소중한 시간
주님 뜻 이루며 살기를 소망한다.

"태초에 말씀이 계시니라……. 그가 하나님과 함께 계셨고 만물이 그로 말미암아 지은 바 되었으며 그 안에 생명이 있었으니 이 생명은 사람들의 빛이라……. 참빛 곧 세상에 와서 각 사람에게 비추는 빛이 있었나니 영접하는 자 곧 그 이름을 믿는 자들에게는 하나님의 자녀가 되는 권세를 주셨으니……"(요 1:1-12)

"빛이 하나님 보시기에 좋았더라"(창 1:4)

하늘과 땅 사이

태초에 이 땅은 물로 가득했다.

창조 둘째 날, 물 가운데 궁창(穹蒼 : 푸른 공간)을 만드시고 하늘과 땅에 있는 모든 물을 위아래로 나누셨다.

아래의 물을 한곳에 모으시고 모인 물을 바다라 하시고 드러난 뭍을 땅이라 하셨다. 하늘 궁창에도 거의 같은 양의 물을 수증기 상태로 구름 안에 두셨던 것 같다.

물은 액체와 고체, 기체의 형태로 순환하며 존재한다.

구름과 바다는 원래 하나였다.

"하나님은 북쪽 하늘을 허공에 펴시며 지구를 공간에 매달아 놓으시고 물을 짙은 구름으로 싸시며 그 무게로 구름이 찢어지지 않도록 하셨다. 그는 자기 보좌를 구름으로 가리시고 수면에 경계를 그어 빛과 어두움의 한계를 정하셨다."
(욥 26:7-10, 현대인의 성경)

'궁창'은 히브리 원어로 '라키아'인데 금속 같은 것을 두드려 펴서 만든 둥근 판이라고 한다. 단단한 방패를 연상하게 한다. 강한 자외선으로부터 막아 주는 오존층과 같이 물 층의 보호막이 지구상에 장수할 수 있는 환경을 만들어 주었을 것이다. 궁창은 해와 달과 별이 있는 곳이고, 창문이 있고, 끝이 없이 광활하고, 무한한 공간이라고 생각했다.

땅에는 아직 비가 내리지 않았다.
"여호와 하나님이 땅에 비를 내리지 아니하셨고
안개만 땅에서 올라와 온 지면을 적셨더라"(창 2:5-6)
지구는 온실 같았을 것이다.
늘 궁창이 태양의 자외선을 막아 주었을까?

노아의 대홍수가 있기 전까지, 하늘로 들림받은 에녹을 제외하고 아담의 10대손들은 모두 평균 900여 세를 이 땅에서 살았다. 노아가 600세 되던 해 그의 할아버지 므두셀라가 죽던 해, 그날에 큰 깊음의 샘들이 터지며 하늘의 창문들이 열려 40일 밤낮으로 비가 땅에 쏟아졌다(창 7:6-24).

우리는 하나님을 닮았다

하나님께서 천지를 창조하신 후
함께 대화를 나눌 친구가 필요하신 것 같다.
"우리의 형상을 따라 우리의 모양대로 우리가 사람을 만들고 생육하고 번성하여 모든 생물을 다스리게 하자."(창 1:26)
우리는 삼위일체 하나님의 형상과 하나님의 모양을 닮았다.
자녀는 그의 부모를 닮는다.
그리고 우리의 마음에
"영원을 사모하는 마음을 주셨다."(전 3:11)
우리말 성경에는 '영원을 사모하는 마음을 주셨다'라고 번역하고 있지만, 히브리어 원문은 '영원을 마음속에 (심어) 주셨다'는 뜻으로 '허락하다'라는 의미도 포함하고 있다.
우리에게 영원을 사모하는 마음을 허락해 주셨다.
'영원'은 여호와 하나님의 본성이시다.
그러나 하나님이 하시는 일의 시종을 사람으로 측량할 수 없게 하시므로 하나님께 대한 두렵고 떨리는 경외하는 마음을 함께 주셨다.
"하나님이 우리를 필요로 하시는 것은 그가 그 필요를 선택하셨기 때문입니다. 우리로 하여금 하나님을 사랑하게 하려는 데 있지 않고 하나님이 우리를 사랑하시려는 데 있으며 우리가 완전히 사랑스러운 존재가 되게 하기 위하여 훈련하십니다." C. S. 루이스는 그의 저서에서 말하고 있다.

사도 요한도 이렇게 말한다.

"사랑은 여기 있으니 우리가 하나님을 사랑한 것이 아니요 하나님이 우리를 사랑하사 … 우리를 사랑하시는 사랑을 우리가 알고 믿었노니 하나님은 사랑이시라 그의 사랑 안에 거하는 자는 하나님 안에 거하고 하나님도 그의 안에 거하시느니라"(요일 4:10, 16)

하나님은 우리 아버지이십니다.

안식일을 기억하여 거룩하게 지키라

하나님께서 하시던 모든 일을 마치시고 일곱째 날에 안식하시었다. 이날을 복되게 하시고 거룩하게 하셨으니 창조 역사는 일곱째 날까지이다. 안식일(安息日)은 히브리어로 샤바트, '편하게 쉬는 날'을 의미한다. 하나님과 백성 사이의 지켜야 할 언약으로 십계명의 네 번째 계명이다.

"안식일을 기억하여 거룩하게 지키라 엿새 동안은 힘써 네 모든 일을 행할 것이나 일곱째 날은 네 하나님 여호와의 안식일인즉 … (그 누구도) 아무 일도 하지 말라 이는 엿새 동안에 나 여호와가 하늘과 땅과 바다와 그 가운데 모든 것을 만들고 일곱째 날에 쉬었음이라"(출 20:8-11)

"아무 일도 하지 말라"에 주목하여 유대인의 경전『미쉬나』에서는 안식일 금지 사항 39가지를 만들었다.

바느질도 하지 않고 불조차 피우지 않고 승강기 버튼도 누르지 않고 하루에 오 리(약 2km) 이상 걷지 않는다.

감람산은 예루살렘과 가까워 '안식일에 걷기 알맞은 거리'였으므로 예수님과 제자들도 규례에 따르셨다.

예수님께서 안식일에 밀밭에서 이삭을 잘라 드시고 한쪽 손 마른 사람의 병을 고쳐 주심을 보고 바리새인들이 예수를 어떻게 죽일까 의논하기 시작했다(막 2:23-3:6).

   그러나 주께서는
"내 아버지께서 이제까지 일하시니 나도 일한다."
"인자는 안식일의 주인이니라" 선언하셨다.

   안식하는 또 다른 중요한 이유는 "기억하라!" 하심이다.
기억하는 한 사랑은 끝나지 않는다.
사랑하면 기억한다.
"기억하라, 하늘과 땅과 바다와 온 우주를 만드신 여호와 하나님을 기억하라, 오늘도 우리 곁에서 함께 일하고 계심을 기억하라."

   그날이 온다.
우리는 주님과의 영원한 안식을 위해
나의 평생을 안고 간다.

돕는 배필

하나님께서 당신이 지으신 것을 보시고 저녁이 되며 아침이 되니 "보시기에 좋았더라"고 일곱 번이나 기쁨으로 말씀하셨으나

"사람이 독처하는 것이 좋지 아니하니"

사람이 혼자 있는 것이 하나님 보시기에 "좋지 않으셨다."

아담을 깊이 잠들게 하시고, 그의 갈비뼈로 '돕는 배필'을 만드셨다. 히브리어로 '에제르 케네그도'인데, '에제르'는 '도움'이고 '케네그도'는 '마주 보고 서 있다'는 의미가 있다.

여자를 만드시고 그를 아담에게로 이끌어 오시니 아담이 이르되 "남자에게서 취하였으니 여자"라 불렀다(창 2:23). 그리고 곧 이어지는 24절의 성경 말씀이 이러하다.

"이러므로 남자가 부모를 떠나 그의 아내와 합하여 둘이 한 몸을 이룰지로다"(창 2:24)

하와가 아직 이름도 없이 그냥 여자로 불릴 때 '한 몸 이룬' 부부로서의 '케네그도(동등성)'를 위임하셨다.

칼 바르트는 그의 저서에서 남성과 여성은 "둘이 '한 몸'을 이루는 '공동 자아'가 되었다"고 말한다.

부부는 인격적으로 동등한 위치에 서 있는 관계이다.

서로 상호보완적 관계이며 서로 다른 역할을 분담하는 것이다.

도와주라 하셨으니 도움을 주는 자가 도움을 받는 자보다 오히려 조금 더 강하게 지어짐을 받지 않았을까?

아담은 흙으로 빚으시고 하와는 뼈로 만드셨으니

재료학적으로 '흙보다 뼈만큼' 강할 것 같고,

아담을 처음 지으시고 그리고 하와를 만드셨으니 아담보다 하와를 조금 더 예쁘게 지으셨을 것 같다.

사도 바울은 이렇게 권면한다.

"우리는 그리스도의 몸의 지체들입니다. 교회가 그리스도께 순종하듯 아내들이여 남편에게 순종하고, 남편들은 그리스도께서 교회를 위하여 자신을 바치신 것처럼 아내를 사랑하십시오. … 자기 아내를 자기 몸처럼 사랑하고 아내도 자기 남편을 존경하십시오."(엡 5:22-33)

남편은 아내에게서 존경받기 원하고
아내는 남편의 사랑을 원함이리라.
부부는 마주 보고 서로 도와주는 '케네그도'이다.

흙으로 사람을 지으시고

아담과 하와 그리고 우리 모두 흙으로 지어짐을 받았다는 것을 잊고 산다. 죽을 수밖에 없다는 것을 모르는 듯이 매일을 산다. 언젠가는 선악과를 따 먹을 것이고 하나님과의 약속을 어기고 공의로우신 하나님의 말씀에 의해 티끌로 돌아가야 한다.

선악과를 따 먹자 눈이 밝아졌다.

"그 열매를 따먹고 자기와 함께 있는 남편에게도 주매 그도 먹은지라 이에 그들의 눈이 밝아져 자기들이 벗은 줄을 알고 무화과나무 잎을 엮어 치마로 삼았더라"(창 3:6-7)

"누가 너의 벗었음을 네게 알렸느냐. 그 열매를 네가 먹었느냐?"(창 3:11)

죄를 지으면 눈이 밝아지고 은혜를 받으면 다메섹 도상의 바울처럼 눈앞이 캄캄해진다.

"여호와 하나님이 아담과 그의 아내를 위하여 가죽옷을 지어 입히시니라"(창 3:21)

에덴동산에서 첫 번째 피 흘림이 있었다.

"육체의 생명은 피에 있음이라 내가 이 피를 너희에게 주어 제단에 뿌려

너희의 생명을 위하여 속죄하게 하였나니 생명이 피에 있으므로

피가 죄를 속하느니라"(레 17:11)

최초로 대속의 역사가 이루어지고 가죽옷을 지어 입혀 주셨다.

"피흘림이 없은즉 사함이 없느니라"(히 9:22)

흙으로 지어짐을 받을 때 하나님께서는 이미 대속을 준비하셨으리라……. 하나님이 세상을 이처럼 사랑하사 우리에게 영원을 허락해 주셨다.

예수의 피는 전 인류를 구원하시는 하나님의 사랑이시다.
"누구든지 예수를 믿으면 멸망하지 않고 영생을 얻으리라."

믿기만 하면 영원을 주시기로 약속하셨다(요 3:16).

이름 짓기

태초에, 하나님께서 천지와 만물을 창조하시고 빛을 낮이라 이름 지으시고, 어둠을 밤이라 부르셨다. 궁창 위의 물을 하늘이라, 아래 물을 바다라 하시고 물이 물러간 자리를 땅이라 이름 지어 주셨다. 해와 달과 별들의 수효를 세시고 그것들을 다 이름대로 부르신다(시 147:4). 온 우주 만물은 이름을 지어 주신 하나님의 통치와 그의 다스림 속에 있다.

이름은 존재의 속성을 결정하고 다스리고 정복하는 최초의 작업이다. 이름이 없으면 그냥 풀이나 꽃이지만 이름을 부를 때 나팔꽃이 되고 해바라기가 되고 서로의 관계가 시작된다.

"여호와 하나님이 흙으로 각종 들짐승과 각종 새를 지으시고 아담이 무엇이라고 부르나 보시려고 그것들을 그에게로 이끌어 가시니 아담이 각 생물을 부르는 것이 곧 그 이름이 되었더라"(창 2:19) 아담이 부르는 대로 그 이름이 되었다.

하나님께서 창조 역사의 한 부분을 아담에게 맡기셨다.

함께 사역하고 다스리는 동역자로 위임하셨다.

이 엄청난 일을 하기 전까지 아담은 '사람'이라 불렸다.

사람이 혼자 사는 것이 좋지 아니하니 돕는 배필을 지어 주어야겠다고 창세기 2장 18절에 생각하시면서 갑자기 19절에 아담이라 부르시며, 세상의 모든 생물의 이름들을 아담 혼자 짓게 하시었다. 아담에게 부여하신 무한한 책임감이리라.

혹시, 아담이 혼자 이름을 지으면서 도와줄 배필에 대한 절대 필요성을 스스로 소망하게 하신 것은 아닐까?

곧 아담을 깊이 잠들게 하시고 갈빗대를 취하시어 여자를 만드셨다. 에덴에서 하와는 여자라 불렸다.

선악과 사건 이후

"아담이 그의 아내 이름을 하와라 불렀으니 그는 모든 산 자의 어머니가 됨이더라"(창 3:20, 관주 : 하와는 생명)

아담은 하나님이 불러 주시고 하와는 아담이 이름 지어 주었다.

사랑은 약속이다

땅의 흙으로 사람을 지으시고 친히 그 코에 생기를 불어넣어 주시고 하나님과 아담은 첫 번째 사랑을 약속하였다.
"동산의 각종 나무 열매는 먹을 수 있으나 선악을 알게 하는 나무는 먹지 말아라. 네가 먹는 날에는 반드시 죽으리라."
서로 사랑한다면 반드시 지켜야 할 의무가 있고 절대로 하면 안 되는 금지 규범이 있다.
약속을 지킴으로 사랑을 확인한다.
진실한 사랑은 맹세가 되고 소망이 되고 언약이 된다.

에덴에서 모든 생물들은 하나의 언어를 사용하였고, 뱀은 저주를 받아 땅 위를 배로 기어다니기 전까지 사람처럼 걸어다닌 것 같다. 뱀이 동산에서 하와에게 물었다.
"하나님이 참으로 너희에게 동산 모든 나무의 열매를 먹지 말라 하셨니?" 부정적 물음은 부정적 생각으로 이어 가는가……?
"아니, 동산 나무의 모든 열매를 먹을 수 있으나 동산 중앙에 있는 나무의 열매는 먹지도 말고 만지지도 말아라, 너희가 죽을까 하노라 말씀하셨다고 아담이 내게 전해 주었어."

네가 먹는 날에는 "반드시!!! 죽으리라-!!"고 하신 하나님의 말씀이 "죽을까 하노라"라고 변이되었고, "만지지도 말아라"는 첨부되었다. 사랑은 언약이다. 언약은 사랑하는 자와의 약속을 지키는 것이다. 선악과가 달려 있는 것을 보고 하나님은 기쁘셨고, 아담은 하나님께 대한 사랑의 표징으로 어깨를 펴고 자랑스러워했을 것이다.

사랑하는 사람을 보고 달려 나가지 못하는 것은
사랑에 문제가 생긴 것이다.

그들이 그날 바람이 불 때 동산을 거니시는 하나님의 소리를 듣고도 기쁨으로 뛰어나가지 못하고 "하나님의 낯을 피하여" 나무 사이에 숨은지라.

약속을 지킴으로 사랑은 완성되어 간다.

하와의 변명

그날도 나는 종달새 지저귀는 소리를 들으며 잠에서 깨어났다. 항상 그랬듯이 아침은 새로운 희망과 기대 속에 설렘을 동반하고 찾아왔는데 그날은 내 등이 추웠고 규칙적으로 들려오던 가벼운 숨소리가 들리지 않았다. 놀라서 일어났는데 나는 혼자였다. 아담은 어디 갔을까?

'하나'는 아담의 숫자이고 태어났을 때 나는 이미 '우리'였다.

내가 지어짐을 받고 첫눈을 떴을 때 아담은 놀라움과 경탄으로 말했다. "내 뼈 중의 뼈요 살 중의 살이로다."

저녁노을이 동산 위에 그림자를 길게 드리우는 것을 보며 왜 그림자가 하나뿐일까……?

그때였다. 에덴에서 들짐승 중에 가장 '간교하게' 지어짐을 받은 친구가 금빛 찬란하게 내게로 걸어왔다. 간교함의 히브리어는 '아룸'인데 간교, 간사, 교활하다 의미 속에 영특, 총명, 매혹의 의미가 함께 있고 지혜의 상징이기도 하다(마 10:16).

그가 물었다. "아담은 어디 가고 혼자 있니?"

그리고 나는 내가 왜 슬픈지 알게 되었다.

"아담이 어디 있는지 알고 싶어? 이 열매를 따서 먹으면 지혜가 충만해져서 원하는 것을 알게 될 거야."

열매는 먹음직하고 보암직하고 지혜롭게 할 만큼 탐스럽기도 했다. 그리고 '선악과의 언약'은 내가 태어나기 전 하나님과 아담이 맺은 '절대 금지 약속'이었다.

나는 죽음이 무엇인지 몰랐고,
두려움과 공포에 대해 이해하지 못했다.

나는 아담의 그림자
단지 아담 곁에 영원히 함께하고 싶었고,
그것이 내가 존재할 수 있었던 이유였다.
그리고, 아담과 나란히 죽음이 무엇인지 알게 되었다.

아담의 변명

아담이 흙으로 지어짐을 받았을 때, 그의 나이 몇 살이었을까?

그가 선악과를 따 먹을 수밖에 없었던 첫 번째 이유는 유년기 없이 청년으로 태어났기 때문이리라.
그는 기다림에 익숙하지 않았다.
어제와 똑같은 오늘, 오늘과 똑같을 내일
금지 규범으로 정해진 규율은 언젠가는 깨어지게 되어 있는 것 같다. 중요한 것은 약속 불이행이 아니고 '시간의 한계성' 속에 살아야 하는 상황의 조건이다.
어제 안 따 먹었고, 오늘 안 따 먹었지만 내일은……?
그리고 내일, 계속되는 내일과 또 그 내일…….
기다림에 대한 경험이나 성장의 과정 없이 청년으로 태어난 아담은 어느 날… 그 어느 날…….
손을 들어 금지하신 열매를 딸 수밖에 없었을 것이다.
시간은 언제나 그를 얽어매었고 무릎 꿇게 하였을 것이다.

그래서 두 번째 아담은 '우리처럼' 아가 예수로 오시었다.

천지를 창조하실 때 함께하셨던 "말씀이 육신이 되어" 이 땅에 오셨으나 마리아의 태 속에서 열 달을 기다리셨고, 서른 살이 되도록 성경이 침묵하는 것은 시간 속에서 그의 때가 차기를 기다리셨음이다.

"내 때가 아직 이르지 아니하였고, 내 때는 아직 차지 않았다."

"그 날과 그 때는 아무도 모르나니 하늘의 천사들도, 아들도 모르고 오직 아버지만 아시느니라"(마 24:36)

그러나…….

선악과 사건을… 조금 더 상세하게…

당시 상황을… 아담의 입장에서 설명하자면……

"하나님이 주셔서 나와 함께 있게 하신 여자 그가 그 나무 열매를 내게 주므로 내가 먹었나이다"(창 3:12)

두 나무가 있었다

에덴동산 중앙에 두 나무가 있었다.

"여호와 하나님께서 보시기에 아름답고 먹기에 좋은 나무가 나게 하시니 생명나무와 선악을 알게 하는 나무도 있더라. 동산의 각종 나무의 열매는 네가 임의로 먹되 선악을 알게 하는 나무는 먹지 말아라."

금하신 나무는 오직 선악과 한 나무였다.

흙으로 빚어진 아담은 매일 생명나무를 먹으며 영생할 수 있었으리라.

두 나무를 동산 가운데 두심은 무한한 은총과 무한한 책무이다.

마땅히 행하여야 할 의무를 순종하므로 축복의 은총을 누릴 수 있다.

은총에는 의무가 따른다.

하나님께서 아담을 만드실 때 "우리의 형상을 따라, 우리의 모양대로, 우리가 사람을 만들자" 하셨는데 보라-! "이 사람이 선악을 아는 일에 '우리 중 하나 같이' 되었으니 …"(창 3:22)

아담은 선과 악의 기준을 자신의 수준만큼 알게 된 것 같다.

"오호라 나는 곤고한 사람이로다.

선을 행하기 원하는 나에게 악이 함께 있나니 내 속사람으로는 하나님의 법을 즐거워하되 내 지체 속에서 다른 한 법이 내 마음의 법과 싸워 내 지체 속에 있는 죄의 법으로 나를 사로잡는 것을 보는도다.

이 사망의 몸에서 누가 나를 건져내랴."(롬 7:21-24)

하나님께서는 아담이 생명나무 열매를 계속 따 먹고 영생할까 염려하셔서 그를 동산에서 쫓아내시고 그의 근원인 땅을 경작하게 하시었다. 천군 천사들과 사방을 빙빙 도는 불칼로 생명나무를 지키게 하셨다. 그리고, 새 하늘과 새 땅, 새 예루살렘 강가에 생명나무를 예비해 두셨다(계 22:2).

선한지 악한지 구별하고 판단하는 것은 하나님의 주권이다.
선과 악은 오직 하나님께서 정하시고 확정하신다.
믿음은 순종이다.

에덴동산에 두 나무가 있었다.

아담아 – 네가 어디 있느냐

아담이 하나님께서 금지하신 선악과를 따 먹은 후……
첫 번째 현상은 눈이 밝아져 벌거벗은 수치심을 알게 되었다.
그리고, 나타난 반응은 두려워하여 나무 사이에 숨었다.
부모님께 자랑할 것이 있으면 기다리다 달려 나가지만 잘못하여 화분이라도 깨었다면 벽장 속에 스스로 꽁꽁 숨는다.
"누가 너의 벗었음을 네게 알려 주었느냐? 그 나무 열매를 네가 먹었느냐?" 숨는다고 문제가 해결되지 않는다.
죄를 알게 되면 두려움이 따르고 어둠 속에 숨게 된다.

"아담아 – 네가 어디 있느냐"
내가 서 있어야 할 자리가 어디인지
나는 지금 어디를 향해 가고 있는지
사랑하는 관계를 회복시켜 주시기 위하여 찾아오신다.
"골고다에서 제자들은 예수를 버리고 다 도망하니라."(막 14:50)
베드로는 물고기나 잡겠다고 디베랴 호수로 나갔으나 밤새도록 한 마리도 잡지 못했다. 그곳에 부활하신 주께서 찾아

오셨다.

　도와주고 해결해 주고 사명을 주시기 위하여 오늘도 찾아오신다.

　너희 죄가 주홍 같을지라도 눈과 같이 희어지게 진홍같이 붉을지라도 양털같이 되리라. 하늘이 땅에서 높음같이 우리의 죄를 동쪽에서 서쪽으로 던져 버리시고 기억하지 않을 것이니 이는 우리의 체질을 아시고 우리가 단지 먼지뿐임을 기억하심이로다. 내 목소리를 듣고 나를 따르면 나는 네 안에 너는 내 안에 속할 것이다. 네가 나를 택한 것 아니고 내가 너를 택하여 세웠고 네가 내 눈에 보배롭고 존귀하여 너를 사랑하여 지명하여 불렀나니 너는 내 것이라.

　아담아, 네가 어디 있느냐.
　우리가 하나님을 찾게 되는 것은 하나님이 먼저 우리를 찾아오셨으며 우리 안에 하나님의 영이 계셔서 우리로 하여금 바라보게 하심이다.
　"사랑받는 자가 사랑하는 자를 움직이게 한다."(C. S. 루이스)

가죽옷의 비밀

"네가 먹는 날에는 반드시 죽으리라"(창 2:17)

하나님께서 죽음을 선포하신 대로 에덴에서 최초의 피 흘림이 있었다.

아담과 하와는 동산의 나무 사이에 숨어 한 생명이 자신의 죄를 대신하여 죽고, 그의 가죽으로 옷을 만들어 주시는 과정을 다 보았으리라. 그때까지 에덴에는 죽음이 없었다.

왜 하나님의 낯을 피하여 동산 나무 사이에 숨었을까?

왜 벗었음을 두려워하였을까?

말씀에 불순종함으로 죄책감이 생기고 부끄러워 나뭇잎으로 수치를 가렸으나 불안하고 두렵고 떨리어 나무 뒤에 숨었다.

그리고 죽음이 무엇인지 알게 되었다.

죄는 하나님으로부터 분리되는 것이다.

사랑의 관계에 이상이 생겼다.

통례적 관념으로 어린 양이었으리라.

무화과 나뭇잎으로 수치를 가린 아담과 하와에게 어린 양의 가죽으로 옷을 지어 그 허물을 덮어 주셨다.
"육체의 생명은 피에 있음이라 … 피가 죄를 속하느니라"
(레 17:11)

그 후 아담은 이 땅에서 930년을 살았고
하와는 생명을 이어 갈 수 있는 은총을 얻게 되었다.
그때까지 그냥 여자라고 불렀으나 이제 '하와'라는 이름으로 불리니 이는 모든 산 자의 어머니라는 의미이다.

하나님이 세상을 이처럼 사랑하사 세상에 있는 자기 사람들을 사랑하시되 끝까지 사랑하심으로 말씀이 육신이 되어 이 땅에 오셔서 우리의 죄를 대속하는 어린 양이 되시었다.

가죽옷은 하나님의 절대적 공의와 무한한 사랑의 표증이다.

의인의 예물

아담과 하와를 에덴에서 내보내시어 그의 근원인 땅을 갈게 하셨지만 아담은 혼자가 아니었다. 아담과 하와가 첫아들 가인을 낳고, 둘째 아들 아벨을 낳으므로 가족 공동체를 이루게 하시었다.

가인은 농사하는 자로, 아벨은 양을 치는 자가 되었다.

"세월이 지난 후에 …"(창 4:3)

아마도 가인과 아벨이 분가하여 각자 가족이 생기고 가족의 대표로 제사를 드리게 될 만큼의 시간이 지나간 것이리라. 가인은 땅의 소산으로, 아벨은 양의 첫 새끼와 그 기름으로 여호와께 제물을 드렸다. 아벨의 제사는 받으시고, 가인의 제사는 받지 않으셨다.

왜 가인의 제사는 받지 않으셨을까?

가인이 분하여 안색이 변하자 하나님께서 직접 대답해 주셨다.

"네가 선을 행하면 어찌 낯을 들지 못하겠느냐, 선을 행하지 않았기 때문에 네 제물을 받지 않겠다."

가족은 둘러앉아 에덴동산의 옛이야기를 나누었을 터이고, 선악과 이야기도 들려주었고, 하나님께서 가죽옷을 만들어 입혀 주신 이야기를 수도 없이 들었을 것이다. 노아 홍수 전까지 사람에게 먹을 수 있도록 허락하신 것은 채소와 곡식, 과일뿐이었다. 아담의 직업은 농부였고 맏아들 가인은 가업을 이어받아 농사를 지었다. 당시 양고기는 먹을 수 없었으며 의복이나 침구 등으로만 사용하였다.

가인이 형제들에게 먹을 곡식을 나누어 주지 않은 것 아닐까?

"형제에게 잘못한 것이 생각나거든 예물을 제단 앞에 두고 먼저 형제와 화목하고 그 후에 예물을 드려라."(마 5:24)

아벨은 부모님의 말씀을 명심하여 듣고 양의 첫 새끼의 의미를 알았으며 속죄의 기름으로 번제를 드렸다.

"아벨은 믿음으로 드린 예물로 인하여 의로운 자라는 증거를 얻었고 그가 죽었으나 지금도 그 예물이 증언하고 있다."
(히 11:4)

아벨은 하늘나라에 입성한 하나님의 첫 천국 백성이 되었다.

에노스 : 예배의 시작

아담은 이 땅에서 가인도 낳고 아벨도 낳고 딸도 낳고 아들도 많이 낳았을 터이지만 130세에 '자기의 모양 곧 자기의 형상을 닮은 아들'을 낳아 셋이라 하였다. 하나님이 아담을 만드실 때 "우리의 형상을 따라 우리의 모양대로 우리가 사람을 만들자" 하심과 같다. 셋은 105세에 에노스를 낳았다.

부모는 자신의 소망에 따라 자녀의 이름을 짓는데, 성경 이름에는 모두 뜻이 있다. 에노스는 '연약하여 부서지기 쉬운 그릇'이다. 할아버지 아담과 같은 어원인 흙, 사람이라는 뜻이나 좀 더 깊은 뜻은 '죽을 수밖에 없는 존재'라는 의미를 내포하고 있다.

아담 이후 235년이 지나면서 사람은 흙으로 지어진 연약한 존재라는 것을 알게 되고 한 줌 티끌이 되리라는 것을 깨닫게 된 것 같다. 자기 아들을 '에노스'라고 이름 지은 이유에 대해

"그 때에 사람들이 비로소 여호와의 이름을 불렀기 때문"이라고 성경은 말하고 있다(창 4:26).

내가 누구인지 알게 되면 그때 우리는 여호와의 이름을 부르게 된다. "사람들이 주님의 이름을 불러 예배하기 시작

하였다."(창 4:26, 새번역)

예배의 히브리어 '샤하아(shachah)'는 '엎드려 절하다, 경배하다'이고 '아바드(abad)'는 '섬긴다'는 의미인데, 영어의 예배(service)와 섬기는 자(servant)의 어원이 된다.

예배는 창조주 하나님을 부르고 만나고, 그 앞에 엎드려 절하고, 경배와 찬양을 드리며, 전능하신 하나님을 섬기는 것이다.

하나님께서 온 우주 만물을 만드시고 이를 다스리고, 지키고, 정복하고, 관리하는 사명을 우리에게 주셨다.

우리는 하나님의 형상을 닮았고 하나님과 소통하며 사귐을 나눌 수 있게 창조되었다.

"예배는 명사가 아니고 동사이다."(로버트 웨버)

아담의 계보

"이것은 아담의 계보를 적은 책이니라"(창 5:1)

구약성경은 많은 민족 중에 하나님이 선택하신 맏아들 이스라엘과 하나님의 이야기이다. 하나님은 맏아들하고만 말씀하셨다. 때로는 가인과 에서같이 장자권을 잃기도 하지만 '자기의 형상을 닮은 아들'에게 장자권을 부여하고, '여호와의 이름을 부르며 예배하는 신앙'을 이어 가는 믿음의 계보이다. 장자는 가정의 제사장이 되고 영적 축복의 상속자가 되고 계승권, 축복권, 통치권 및 가문의 대표가 되는 특권이 주어진다.

이는 선택된 장자를 통해 '여호와의 이름이 보전되고 기억하기'를 원하시는 하나님의 간절한 마음이시다.

아담은 이 땅에서 930년을 사는 동안 아들 셋과는 800년, 손자 에노스와는 695년, 7대손 에녹과 308년, 무드셀라와 243년, 라멕과 56년, 그의 9대손 자녀들과 모두 함께 살면서 할아버지 아담의 실제적이고 생생한 에덴동산 이야기를 직접 전해 주었다.

아버지가 아들에게 이름을 지어 주는데 그 뜻을 보면 당시 창세기 역사가 보인다. 하나님이 직접 지어 주신 아담은 '사람'이고, 셋은 '대신한 자' '(기초를) 세우다', 에노스는 '연약한 사람'으로 예배가 시작되었다. 게난은 '뜻밖의 아들(기쁨)'인데 '둥지를 만들다'는 뜻도 있어 예배가 정립되었음을 알 수 있다. 마할랄렐은 '하나님께 영광, 찬양', 찬송이 충만한 예배를 드렸다. 야렛은 '후손', 에녹은 '봉헌된 자'이며 에녹의 승천을 목격한 사람은 셋, 에노스, 게난, 마할랄렐, 야렛, 므두셀라, 라멕, 모두 7명이다. 므두셀라는 '창을 던지는 사람'(전쟁에서 창을 던지면 항복이다. 죽으면 끝이다.)이며 므두셀라가 죽던 해 노아의 홍수가 일어났다. 라멕은 '능력, 기도의 사람'이고 10대손 노아는 '위로와 안식'이다.

"옛날을 기억하라 역대의 연대를 생각하라 네 아비에게 물으라 그가 네게 설명할 것이요 네 어른들에게 물으라 그들이 네게 말하리로다"(신 32:7)

기억하라! 사랑하라! 1

이스라엘은 창조주 하나님을 섬기는 혈연 공동체, 기억 공동체이다. 역사와 시간을 함께 공유하는 민족으로 가족 관계의 족보를 중요하게 생각한다. "오직 너는 스스로 삼가며 네 마음을 힘써 지키라 그리하여 네가 눈으로 본 그 일을 잊어버리지 말라 네가 생존하는 날 동안에 그 일들이 네 마음에서 떠나지 않도록 조심하라 너는 그 일들을 네 아들들과 네 손자들에게 알게 하라"(신 4:9, 미국 DC 홀로코스트 기념박물관 입구 벽에 새겨진 말씀)

하나님의 은혜를 대대로 이어 가며 잊지 않고 기억하게 하기 위한 하나님의 열심이시다.

'기억하라'라는 히브리어 자카르(zakar)는 묵상하고 회상하고, 자신을 권면하여 일깨우는 적극적인 행동 명령이며, 하나님이 우리 아버지이심을 '잊지 마라'라는 강력한 메시지이다.

잊지 않고 기억하므로 믿음은 영원에 잇대어 자라간다.

"이 후에 너희의 자녀가 묻기를 이 예식이 무슨 뜻이냐 하거든 너희는 이르기를 이는 여호와의 유월절 제사라 여호와께서 애굽 사람에게 재앙을 내리실 때에 애굽에 있는 이스라엘

자손의 집을 넘으사 우리의 집을 구원하셨느니라 하라"(출 12:26-27)

우리의 뇌는 "하지 마라"라는 부정적 언어보다 "하라"라는 긍정적 명령을 더 잘 이해한다고 한다.
"잊지 마라"보다 "기억하라"가 순종하기 쉽다.
기억은 과거와 현재와 미래를 연결하는 중요한 요소이다.
미국의 신학자 제임스 스트롱(James Strong, 1822~1894)은 구약성경에 '기억하라'라는 단어가 모두 2,142번 기록되어 있다고 한다.

"용서하라, 그러나 잊지 마라" 예루살렘 역사박물관 현판에 쓰여 있는 문구이다. "원수 갚는 것은 하나님께 맡겨라. 그리고 극복하라."
1948년, 이스라엘은 하나님을 잊지 않으므로 2,000년 디아스포라를 넘어 약속의 땅을 다시 찾았고 독립했다.

기억하라! 사랑하라! 2

구약의 하나님은 유대 민족을 선별하셔서 직접 돌비에 십계명을 새겨 주시고, 모세 5경을 바탕으로 하나씩 가르쳐 주셨다.

십계명 외에 613개의 율법으로, 하지 말 것 365개, 해야 할 것 248개로 되어 있다. 토라는 가르침, 인도하다는 뜻인데 모두 54개 부분으로 나누어 1년에 한 번씩 통독할 수 있게 되어 있다.

모든 예배의 모임에서 첫 번째 낭독되는 말씀이다.

"이스라엘아 들으라. 우리 하나님 여호와는 오직 유일한 여호와이시니 너는 마음을 다하고 뜻을 다하고 네 하나님 여호와를 사랑하라. … 너는 마음에 새기고 네 자녀에게 부지런히 가르치며 … 네 손목에 매고 네 미간에 붙이고 네 집 문설주에 기록할지니라."(신 6:4-9)

주전 1300년경 갈대 종류 파피루스를 $25 \times 15 cm^2$ 크기로 20장씩 길게 엮어 두루마리로 만들어 성경을 쓰기 전까지 유대인들은 아버지가 아들에게, 성경을 암송하게 하여 기억하며 구전됐다.

예수님은 우리에게 '온 율법과 선지자의 강령'인 두 계명으로 완성해 주시었다(마 22:37-40).

"마음과 목숨과 뜻을 다하여 주 너의 하나님을 사랑하라. 네 이웃을 네 몸과 같이 사랑하라."

첫 번째 계명은 대체적으로 잘하는 것 같다.

특히 우리나라는 전 국민이 "하나님이 보우하사 우리나라 만세"라고 한다. 이 지구상에 240여 개의 나라가 있지만 하나님을 부르는 애국가는 우리나라뿐일 것이다.

두 번째 계명이 어렵다. "네 이웃을 네 몸같이 사랑하라."

우선 내 몸 사랑하기도 어려운데 이웃 사랑하는 것이 쉽지 않다.

예수님의 십자가 사랑은 수직과 수평으로 되어 있다.

하나님과의 수직 관계 사랑은 잘하는 것 같은데 수평 관계 이웃을 사랑하는 것이 결코 쉽지 않다.

내 이웃이 누구일까……. 주님의 대답은 간단명료하시다. 강도 만난 사람에게 자비를 베푼 선한 사마리아인처럼

"너도 가서 이와 같이 (사랑)하라."(눅 10:37)

"기억하라! 사랑하라!"

두 말씀은 신구약 성경의 핵심 동사이다.

(약 2:8)	네 이웃을 사랑하면 최고의 법을 지킴이요
(갈 5:14)	온 율법을 이룸은 네 이웃을 네 몸처럼

　　　　　　사랑함이니
(요일 4:20-21) 형제를 사랑하지 아니하며 하나님을 사랑
　　　　　　한다는 것은 거짓말하는 자이다.

"어느 때나 하나님을 본 사람이 없으되 만일 우리가 서로 사랑하면 하나님이 우리 안에 거하시고 그의 사랑이 우리 안에 온전히 이루어지느니라 … 우리가 사랑함은 그가 먼저 우리를 사랑하셨음이라"(요일 4:12, 19) 요한1서 4장에만 '사랑'이 31번 기록되어 있다.

하나님과 동행하였다

아담의 10대손 노아는 아담력 1056년생이다.

하나님께서 아담을 지으신 지 겨우 천 년이 지났는데

이 세상에 죄악이 가득하고 마음으로 생각하는 것과 계획하는 것이 항상 악함을 보시고 땅 위에 사람 지으셨음을 한탄하셨다.

"내가 창조한 사람들과 가축과 기는 것과 공중의 새까지 지면에서 쓸어버리리니 내가 그것을 지었음을 한탄함이니라."

창세기 6장 6절과 7절에서 거듭거듭 말씀하신다.

"한탄한다"를 새번역 성경에서는 "후회한다"로 기록하고 있다.

이유로는 하나님의 아들들이 사람의 딸들의 아름다움을 보고 자기들이 좋아하는 여자들을 아내로 삼았다고 근심하셨다. 하나님의 아들들이라 함은 믿음의 예물을 드린 아벨, 셋의 후손들이고 사람의 딸들은 가인의 자손을 말하는 것이리라.

땅이 부패하고 포악하여 모든 생명을 천하에서 멸절할 것이다.

그러나 "노아는 의인이요 당대에 완전한 자라. 그는 하나님과 동행하였다." 동행한다는 것은 뜻과 목표가 같아야 한다.

호흡과 마음과 보폭이 하나 되어 한 방향으로 걷는 것이다.
노아는 하나님과 길동무가 되어 함께 걸었다.
히브리어 '할라크'는 '걷는다'라는 동사인데 '동행'은 '히트할레크'로 '함께 길을 걷는다'는 뜻이다.
항상, 늘, 끊임없이, 지속적으로 일평생 함께 걷는 것이다.

태초에 하나님께서는 '동행'할 친구가 필요하셔서 아담을 지으셨고, '동행'하기 원하셔서 아브라함을 나의 벗이라 말씀하시고 믿음의 조상으로 부르셨으나, 실제로 성경에 하나님과 동행했다고 기록된 사람은 오직 에녹과 노아 두 사람뿐이다.
에녹과 노아는 하나님의 마음을 알았다.

"하나님과 동행"(창 5:22, 24) 하던 에녹은 죽음을 보지 않고 올리어 갔고 "하나님과 동행"(창 6:9)하던 노아는 인류의 새로운 조상이 되었다.

하늘이 열리고 깊은 샘이 터졌다

"노아는 오백 세 된 후에 셈과 함과 야벳을 낳았더라"(창 5:32) 노아의 선조들은 200세 전에 아들을 낳았다.

그때에, 노아가 세 아들을 낳은 그때……

온 세상이 부패하여 모든 혈육 있는 자의 포악함이 땅에 가득하므로 그 끝날이 하나님 앞에 이르렀고 세상을 땅과 함께 멸하고 싶어 하시는 하나님의 뜻을 노아는 알았다.

500년 동안, 매일, 매 순간 하나님과 동행하며 이 세상의 악함에 대하여 분노하시는 하나님의 마음을 주고받으며 함께 근심하느라 자녀를 낳고 싶지 않았던 것 아닐까…….

"너를 위하여 고페르 나무로 방주를 지어라."(창 6:14) 그 안과 밖을 역청으로 칠하고, 크기와 길이와 높이도 정확하게 말씀하셨다.

현재 기준으로 측정하면 대략 길이 137m, 넓이 23m, 높이 14m, 위에 창을 내고, 문은 옆으로 내고, 3층으로 총건평 9,000㎡ 이상이다. 거의 축구장 하나 반 크기였으나 길이와 폭과 넓이가 완벽한 균형으로 어떤 폭풍우에도 안전하게 설계되었다.

'고페르 나무'는 성경에 단 한 번 이곳에 나오는데 송진이

나는 잣나무, 소나무 종류가 아닐까 한다.

"내가 홍수를 땅에 일으켜 무릇 생명의 기운이 있는 모든 육체를 천하에서 멸절하리니 땅에 있는 것들이 다 죽으리라" (창 6:17)

노아의 아버지 라멕은 홍수 5년 전 하늘나라에 갔으나 아마도 친척들은 상당수 남아 있었을 것이고, 방주를 함께 만들었을 것이다.

그러나, 너와는 내 언약을 세우리니

"세 아들과 네 아내와 네 며느리들이 방주로 들어가고

혈육 있는 모든 생물을 암수 한 쌍씩, 새와 가축과 땅에 기는 것이 종류대로 네게로 오리니 그 생명을 보전하라!"(창 6:18-20)

노아는 믿음으로 아직 보이지 않는 일에 경고를 받아 세상을 정죄하고 믿음을 따르는 의의 상속자로서 "경외함으로" (히 11:7) 하나님이 명하신 대로 다 준행하였다.

그가 600세 되던 해, 둘째 달 열이렛날,
큰 깊음의 샘이 터지고 하늘의 창문이 열려 40주야를 이 땅에 비가 쏟아졌다.

노아가 얼마 동안 방주를 만들었는지 성경은 말하지 않으나

아담의 계보를 보면 아담은 103세에 셋을 낳고, 셋은 105세에 에노스를 낳고, 에노스는 93세에 게난을 낳고, 게난은

70세에 마할랄렐을 낳고, 마할랄렐은 65세에 야렛을 낳고, 야렛은 162세에 에녹을 낳고, 에녹은 65세에 므두셀라를 낳고, 므두셀라는 187세에 라멕을 낳고, 라멕은 182세에 노아를 낳았다.

셈은 대홍수가 난 지 2년 후인 100세에 아르바삭을 낳았다.

그러므로 노아가 502세에 맏아들 셈을 낳은 것을 알 수 있다.

방주의 길이 130여 미터에 맞추기 위해 나무와 나무를 역청으로 합판하여 사용하였을 가능성에 대해 말하는 학자도 있다.

"노아가 세 아들을 낳은 후에 방주를 지으라는 명령을 받은 것으로 보는 것 같습니다.

그 사건들은 연대기적으로 기록하는 것이 아니라 사건적으로 기록하고 있기 때문입니다. 다시 말하면, 방주의 건조 기간에 대하여 정확히 알아야 할 필요가 없다는 암시입니다.

그렇게 가르치고 있는데 그렇지가 않습니다. 노아가 세 아들을 낳았을 때의 나이가 500세이고, 홍수가 있을 때의 나이가 600세입니다. 그렇다면 세 아들을 낳은 직후부터 방주를 지었어도 100년밖에 안 되기 때문에 120년은 아닙니다. 더구나 방주에는 노아 내외와 세 아들과 세 며느리까지 모두 여덟 식구가 탔고, 방주를 짓는 일에 자식들도 참여하였다고 본다면 그 기간은 100년보다 훨씬 줄어들 것입니다."

유일하게 방주 건조에만 언급된 고페르가 가공된 나무일

것으로 생각하는 이유는 다음과 같다. 방주는 조그마한 상자가 아니라 길이 135m, 폭 22.5m, 높이 13.5m나 되는 대형 건조물이다. 나무를 켠 판재 한 겹을 사용한다고 가정해 보면 구조의 안정성에 큰 문제가 있을 것이다. 그 대신 얇은 판재를 합판하여 여러 겹으로 된 목재를 사용하게 된다면 같은 두께라 할지라도 그 내구성은 한 겹의 판재와 비교할 수 없이 좋을 것이다. 그렇다면 노아는 얇은 판과 판 사이에도 역청을 발랐을지도 모른다.

'고페르'를 가공된 나무 이름이라 생각하는 또 다른 이유는 단어가 품고 있는 언어적 의미와 관련된 것이다. 원래 히브리어는 모음을 가지고 있지 않은 자음으로만 된 언어였다. 따라서 '고페르'라는 단어는 'ㄱ ㅍ ㄹ', 영어로 표시하면 'g p r'라고 써야 한다. 그런데 '역청'이란 히브리 단어가 '코페르' 즉 ㅋ ㅍ ㄹ 혹은 k p r로 사실상 고페르와 같은 단어이다. 고페르와 역청은 같은 어원을 가졌다는 것을 알 수 있다. 그러므로 역청(코페르)을 바른 나무를 고페르라 불렀을 가능성이 충분히 있는 것이다. 더욱 흥미로운 사실은 '속죄'란 히브리 단어가 '카파르' 즉 ㅋ ㅍ ㄹ 혹은 k p r이다. 역청(코페르)을 바른 나무(고페르)로 만든 상자(방주) 속에는 속죄(카파르)함을 받아 심판을 면하게 된 사람들과 동물들이 들어 있었던 것이다.

노아 홍수 이후 자연 구조는 획기적인 변혁을 가졌다(창 6-7장). 홍수 이전의 환경에서는 1,000년의 생존이 가능한 구조였을 것이다. 노아 홍수 이전의 지구 환경에 대한 근거는 성경 외에서 찾을 수 없다. 그러나 인간의 수명이 120세인 것은 과학적이다(창 6:3). '성장기×5'를 정상 수명으로 잡는데, 인간의 평균 성장기는 24세까지이고, 24×5=120이다. 인간의 머리카락 수명이 5년이고, 25회 나올 수 있다는 것으로 120세를 추측하기도 한다. 인간 유전자가 60회 주기를 반복한다고 한다. 현재 과학은 120세를 너머 150세를 향해서 나가고 있다. 그러나 수명과 함께 가임기(可妊期)도 중요하다. 가임 연령이 청춘 연령이기 때문이다.

참고로 성경 기록만 따르면 아브람 당시까지 노아가 생존했으며, 셈은 이삭 출생까지 생존한 것으로 계산된다. 그러나 아브람은 본토와 친척 아비의 집을 떠나도록 하여, 더 이상 조상의 전승이 아닌 계시로 믿음을 이루도록 했다.

아담에서 노아까지 2,000년에 산 자는 '에녹'이고, 노아에서 예수까지 2,000년에 산 자는 '엘리야'이고, 예수에서 땅의 마지막까지 죽음 후에 산 자(죽음과 부활)는 '예수'이시다. 에녹과 엘리야는 하나님께서 데려가셔서 죽음을 보이지 않았지만, 예수께서는 십자가에서 죽으시고 장사되시고 삼 일 만에 부활하셨다.

므두셀라(969세)는 아담에서 노아를 연결하는 역할로 보인다. 자신의 조상인 아담의 죽음과 자신의 아버지 에녹의 삶과 승천을 보았고, 모든 지식을 노아에게 전했다.

　라멕이 182세에 노아를 낳았다(창 5:28-29). 라멕은 여호와께 계시를 받았는데, 그것은 "땅을 저주하시므로 수고롭게 일하는 우리를 이 아들이 안위하리라"였다. 라멕은 의인의 탄식, 신원을 보여 주었다. 의인에게는 오랜 수명이 악을 더 심하게 하는 것이었다. 그 신원에 대한 응답은 수명을 단축시키는 것이다. 모세는 인생을 칠십에서 팔십이라고 말하면서, 짧은 인생에서 죄를 범하지 말도록 권면했다(시 90:10). 팔십 인생에서 수고와 슬픔뿐이라고 했다. 자기 인생에 자부심을 갖는 사람이 간혹 있는데, 그것은 자기 인생이 가치 없는 삶이었다는 것을 더 강조하는 어리석은 행동이다. 라멕은 777세를 살고 죽었는데(창 5:31), 노아의 홍수 때(600세)와 거의 일치한다(홍수 전 5년). 라멕은 홍수에 죽지 않았지만, 다른 므두셀라, 라멕의 자녀들은 홍수에 죽었을 것이다.

언약의 무지개

 노아의 홍수는 노아가 600세 되던 해 2월 17일 시작됐다.
 40주야 비가 쏟아졌고, 물이 150일간 땅에 넘쳤고, 7월 17일에 방주가 아라랏 산에 머물렀고, 물이 줄어들기 시작해 10월 1일에 산들의 봉우리가 보였고. 40일을 지나 방주의 창을 열고 까마귀를 날려 보냈으나 마른 땅을 찾지 못하고, 비둘기를 보냈으나 방주로 돌아왔다. 7일 후 비둘기를 보내니 감람나무 잎새를 물고 왔다. 다시 7일 후 날려 보낸 비둘기는 머물 곳을 찾았는지 돌아오지 않았다. 노아가 601세 되던 해 1월 1일 방주 뚜껑을 열고 보니 지면에 물이 걷혔다. 그해 2월 27일, 땅이 마른 것을 보고 방주에서 나왔다. 홍수가 시작된 지 무려 1년 10일 동안 이 땅이 물에 잠겼다.
 육지에 있어 코로 숨을 쉬는 모든 생명체는 다 죽었다.
 정결한 동물들은 암수 일곱씩, 부정한 동물들은 암수 둘씩 방주에 탔다. 노아가 방주에서 나오자 정결한 짐승과 정결한 새로 번제를 드린 것을 보면 그동안 정결한 짐승으로 계속 하나님께 번제를 드렸음을 알 수 있고 일곱씩 방주에 태운 이유도 알 것 같다. 홍수 전까지는 하늘에 궁창이 있어서 지구는 온실 같았을 것이다. 태양에서 오는 자외선으로부터 보호막을 형성하여 사람들의 수명이 900여 세를 넘어 살 수 있었다.

아담 이후 홍수 전까지 사람들의 먹을거리는 채소와 나무 열매뿐이었으나 홍수 이후 모든 산짐승도 피를 제외하고는 채소같이 허락하셨다(창 1:29; 9:3). 채식에서 육식도 할 수 있게 되었다.

그러나 엄청난 재난 속에도 하나님 사랑의 은총은 계속되었다.

"다시는 이 땅을 홍수로 멸하지 않겠다"라는 언약의 보증으로
구름 속에 무지개를 주셨다. 노아 이전에는 무지개가 없었다.

물론 아담도 무지개를 볼 수 없었다.

우리나라 용비어천가에 처음으로 등장한 '므지게'는 '물로 된 문'이라는 어원이 있다고 한다.

하늘의 무지개를 바라볼 때면
언제 어디서나 가슴이 뛴다.

그러면 정결한 동물은 얼마나 될까? 반추동물들은 모두 일곱 쌍씩 들어갔는가? 유대 학자들은 정결한 동물을 단지 굽이 갈라진 모든 반추동물들이 아니라, 큰 포유동물 중 단지 소수만이 해당된다고 말하고 있다. 신명기 14장에는 정결한

동물들이 나와 있는데, 이들은 매우 소수인 것이다.

노아가 방주 내에 있었던 기간은 일 년이 넘는 371일이었다.

480세 - 대홍수 경고(창 6:13)
600세 - 홍수 시작(창 7:11-14).
    2월 10일 : 방주에 들어감. 7일을 기다림.
    2월 17일 : 40주야간 비가 내리기 시작.
    150일간 땅에 물이 창일.
    7월 17일 : 방주가 아라랏 산에 도착. 물이 감하기 시작.
    10월 1일 : 산들의 봉우리가 보임.
    11월 10일 : 노아가 창을 열어 까마귀, 비둘기를 보냄. 까마귀는 돌아오지 않음.
    11월 17일 : 비둘기를 다시 보냄. 저녁에 감람나무 새 잎사귀를 물고 오다.
    11월 24일 : 비둘기를 또 내어보내니 이번에는 돌아오지 않음.
601세 - 1월 1일 : 방주 뚜껑을 제치고 지면에 물이 걷혀 있음을 확인.
    2월 27일 : 땅이 말랐으며, 방주에서 나옴.

한 달을 30일로 계산하면 홍수의 시작은 노아가 600세 되던 해의 2월 17일이었고 홍수가 완전히 끝나고 가족 및 동물들과 함께 방주 바깥으로 나와 땅을 밟을 때는 그의 나이 601세 되던 2월 27일이었다. 이처럼 대홍수의 전체 기간은 370일이었다. 그런데 노아가 홍수 7일 전 방주 속으로 대피하였으므로 노아가 방주 속에 머문 전체 기간은 377일이다.

셈과 함과 야벳의 족보는 대홍수 이후 하나님께서 '생육과 번성과 충만'의 축복이 땅 위에 실제로 실현돼 가고 있음을 보여 준다(창 9:1; 10:2-31). 족보를 보면 야벳의 후손은 14족속, 함의 후손은 30족속, 셈의 후손은 26족속이다. 모두 70족속을 형성해 각기 언어와 혈통, 국가대로 땅 위에 흩어져 살았다.

하늘나라 천국 언어

창세기 아담의 계보대로 계산해 보면 아담력 1656년에 대홍수가 이 지구상에 있었고, 노아의 5대손 벨렉이 태어나던 해 "세상이 나뉘었음이라."(창 10:25) 벨렉은 1757년생이니 홍수 후 겨우 101년 지났고 노아가 701세 되던 해 인간들은 바벨을 쌓았다.

방주가 아라랏 산에 머물렀고 그곳으로부터 메소포타미아, 지금의 이라크 남부 시날 평지에 모여서 "우리 이름을 내고 흩어짐을 면하자." 벽돌을 굽고, 역청으로 진흙을 대신하고, 그 꼭대기를 하늘에 닿게 하고 우리의 이름을 내자.

하나님이 주신 무지개의 영원한 언약을 믿지 않았음이었더라.

"온 땅의 언어가 하나였고 말도 하나였더라"(창 11:1)

여호와께서 이르시되 우리가 내려가서 그들의 언어를 서로 알아듣지 못하게 뒤섞어 놓아 흩어 버리자. 언어의 장벽으로 의식, 문화, 지식과 정보, 의사소통이 단절되어 각 민족은 사방으로 흩어져서 그 도시 건설하기를 그쳤다. 바벨의 어원은 혼돈이다.

벨렉 시대에 시날 평지에서 사람들은 다른 가족들이 알아들을 수 없는 자기 고유의 언어를 가지고 세상으로 흩어졌다. 이 사건이 있은 지 얼마 되지 않아 바벨론 문명(BC 2234), 이집트 문명(BC 2188), 그리스 문명(BC 2089), 그리고 호주나 미주 문명 등 바벨(현재의 중동)에서 가까운 곳일수록 더 일찍 문명이 발생했다. 이것들은 바벨탑 사건으로 흩어진 사람들이 남긴 역사적인 증거들인 것이다.

바벨탑은 어떻게 생겼을까?

상상과는 달리 바벨탑은 완성되지 않았다. 하나님께서 공사가 진행되고 있는 동안에 언어를 혼잡하게 만들어 흩어지게 했기 때문이다.

James Ussher(1581~1656) 주교가 기록한 『세계연보』에 의하면 바벨탑은 BC 2242년이라 한다. 이 연대기에 의거하면, 그로부터 2,270여 년이 지나 오순절 다락방에 보혜사 성령님이 임하셨다. 그러자 그들은 모두 성령이 충만하여 성령께서 주시는 능력으로 그들도 알지 못하는 외국어로 말하기 시작하였다.

그때 예루살렘에는 세계 여러 나라에서 온 경건한 유대인들이 많이 머물고 있었다.

마침 유대인의 오순절, 명절인지라 천하 각국에서 많은 사람이 한곳에 모였는데 홀연히 하늘로부터 소리가 있어 온 집에 가득하고 성령의 충만함을 받고 제자들이 다른 언어들로 말하기를 시작하였으나 모든 사람들이 각자 자기 난 곳 방언으로 알아들었다. 하나의 언어로 알아들었다.

하늘에서 난 바람 같은 이 소리를 듣고 몰려든 군중들은 각자 자기 나라말로 제자들이 말하는 것을 듣고 어리둥절하였다.

그들은 모두 놀라 이상히 여기며 이렇게 말하였다.

"지금 말하고 있는 저들은 다 갈릴리 사람들이 아니냐?

그런데 그들이 하는 말이 우리가 각자 태어난 나라의 말로 들리니 도대체 어떻게 된 것인가?

우리 중에는 바대, 메디아, 엘람, 메소포타미아, 유대, 갑바도기아, 본도, 아시아,

브루기아, 밤빌리아, 이집트, 구레네 부근의 리비아 일대에서 온 사람도 있고 로마에서 온

유대인과 유대교로 개종한 이방인들도 있으며 또 크레테 사람과 아라비아 사람도 있는데 우리가 다 하나님의 놀라운 일을 각자 우리 말로 듣고 있지 않는가?"

다 놀라며 당황하여 서로 이르되 이 어찌 된 일이냐 하며

또 어떤 이들은 조롱하여 이르되 그들이 새 술에 취하였다 하더라.

베드로가 열한 사도와 함께 서서 소리를 높여 이르되

"유대인들과 예루살렘에 사는 모든 사람들아. 이 일을 너희로 알게 할 것이니 내 말에 귀를 기울이라.

때가 제 삼 시니 너희 생각과 같이 이 사람들이 취한 것이 아니라."

흩으셨던 마음을 하나 되게 하시는 보혜사 성령님의 능력이시다.

바벨에서 흩으신 언어가 오순절에 하나가 되었다.

구약에서는 성부 하나님께서 이스라엘하고만 말씀하셨다.
신약에서는 성자 하나님께서 육신을 입고 나사렛에 오심으로 갈릴리에 있는 사람들은 누구나 예수님을 만날 수 있었다.
이제 우리는 어디에나 계시는 성령 하나님을 뵈올 수 있다.

언젠가 우리가 본향에 가면 하나의 언어로 하나의 나라가 되어 하늘나라 천국 언어로 말하게 될 것이다.

믿음의 조상, 아브라함

아담에서 노아까지 10대이고 노아에서 아브라함까지 10대이니 아담은 인류의 조상이고, 노아는 택함받은 새로운 조상이고, 아브라함은 순종함으로 믿음의 조상이 되었다.

하나님께서 아담의 선악과로부터 불순종으로 이어지는 인간들의 죄악의 고리를 노아에서 끝내고 싶으셨지만 100여 년 만에 바벨을 쌓는 것을 보시며 후회하시며 한탄하셨다.

노아는 포도주 사건 이후 기록이 없으며 일설에 의하면 바벨탑을 쌓는 것에 분노하여 벨렉이 태어나던 해, 족속들이 나누일 때 동방의 큰 산을 넘어갔으리라 추측한다.

하란은 나홀의 성이라고도 하고 밧단아람이라고도 하는데 아브람의 동생 나홀은 이곳에 남은 것 같다.

최종 종착지로서 주목할 만한 지명 '가나안 땅'이 언급된다. 가나안은 노아에게 저주받았던 함의 아들이다(창 9:20-27). 야훼는 아브라함에게 그 가나안 자손들이 살고 있는 땅, 곧 가나안 땅으로 가라고 명령하셨다.

아브람의 아버지 데라는 노아의 9대손으로 노아와 128년 동시대를 살았으나 지리적으로 한마을에서 함께 산 것은 아닌 것 같다. 데라는 아들 아브람과 그의 아내 사래 그리고 손자 롯을 데리고 고향인 갈대아 우르를 떠나 가나안 땅으로 가고자 하였다. "가고자 하였으나" 유프라테스강을 따라 북으로 900여 km 떨어진 하란으로 갔다. 하란은 길목이란 뜻으로 당시 무역 중심지이었고 문화와 정치의 전략적 요충지였다. "데라는 강 저편에서 우상을 섬겼다"(수 24:2)고 여호수아는 기록하고 있고

탈무드에는 데라가 우상을 만들어 팔았다고 전한다.

아브람은 75세 되던 해 하나님의 부르심을 받았다. 아버지 데라 나이 145세였다. 데라 이름의 뜻이 '지체하다, 체류하다'이니 별명이 이름이 되었을까……. 아브람이 조카 롯과 함께 떠난 후에도 데라는 여전히 하란에서 60년을 더 살았다. 온갖 우상을 만들어 파는 아버지와 살며 아브람은 무슨 생각을 했을까…….

아브람은 "네 아비 집을 떠나라" 하실 때 지체하지 않고 즉시 일어나 순종하고, "갈 바를 알지 못하였으나" 믿음으로 떠났으며, 이 믿음으로 의롭다 칭함을 받았다.

아브람은 하나님께서 인도하신 길을 떠났다. 그는 아내와 조카 롯과, 자기가 모은 재물과 하란에서 얻은 사람들을 데리고 마침내 가나안 땅에 이르렀다(창 12:4-5).

아브람은 여호와 하나님께 순종할 준비가 되어 있었음이라.

"믿음으로 아브라함은 부르심을 받았을 때에 순종하여 장래의 유업으로 받을 땅에 나아갈새 갈 바를 알지 못하고 나아갔으며"(히 11:8)

"마침내 가나안 땅에 들어갔더라"(창 12:5)

하나님께서 가장 소중하게 생각하시는 것이 순종인 것 같다.

하나님께서 나의 벗 아브라함이라고 불러 주셨다.

"아브라함이 여호와를 믿으니 이를 그의 의로 여기셨으며 하나님의 벗이라 칭함을 받았나니."(창 15:6; 약 2:23)

믿음은 순종이고 의인으로 칭함을 받는 첫 번째 조건이다.

믿음은 추상명사이고 순종은 동적 명사이다.

사흘 길을 함께 걸었다

아브람은 99세에 하나님께서 이름을 바꾸어 주셨다. 아브람(존귀한 아버지)에서 아브라함(열국의 아버지)이다. 마침내 가나안에 들어가서 세겜 땅 상수리나무에 이르렀을 때 여호와 하나님께서 "이 땅을 네게 주리라" 하시니 그곳에 제단을 쌓았고,

100세에 아들 이삭을 주셨다.

"하나님이 아브라함을 시험하시려고, 네 사랑하는 외아들 이삭을 데리고 모리아 땅으로 가서 그를 번제로 드려라."(창 22:1-2)

우리 할아버님은 예수를 믿고 처음으로 성경을 읽으시다 이 대목에서 성경을 앞마당으로 던져 버리셨다고 한다.

"저 살자고 아들을 바치다니······."

대부분 아버지들은 우리 할아버지 마음 같으셨을 것이다.

이런 일을 내게 명하셨다면 "차라리 나를 데려가십시오" 했을 것이니, 모든 부모가 처음 생각하는 가장 쉬운 방법이리라.

그러나 아브라함은 다음 날 아침 일찍 일어났다.

번제로 쓸 나무와 두 종과 아들을 데리고 지체하지 않고

길을 떠났다. 100세에 낳은 아들을 번제로 드리려고, 브엘세바에서 모리아 산(지금의 예루살렘)까지 사흘 길을 이삭과 동행하여 함께 걸으며, 우리와 성정이 같은 아브라함도 우리처럼 수도 없이 많은 생각들을 하였을 것이다. 예수님도 무덤에 사흘 머물러 계셨다.

그때 이삭은 몇 살이었을까?

이삭은 번제로 드릴 나무를 혼자 등에 지고 하나님이 일러주신 곳까지 올라갈 수 있는 나이였다. 예수님께서 성전에 올라가신 12살쯤이었을까? 불과 나무는 있는데 번제할 어린 양은 어디 있어요 묻는 것을 보면 이삭은 번제가 무엇인지도 알고 있었다.

"내 아들아, 번제할 어린 양은 하나님이 자기를 위하여 친히 준비하실 것이다."(창 22:8)

제단을 쌓고, 나무를 벌여 놓고, 이삭을 결박하여, 제단 나무 위에 올려놓고, 손을 내밀어 칼을 잡고, 그 아들을 잡으려 할 그때에도……

이삭은 아버지의 사랑을 온전히 알았고, 믿고, 순종했다.
그 아버지 그 아들이다.

데라의 족보

"데라는 아브라함과 나홀과 하란, 세 아들을 낳았다"(창 11:26)

하란(지명과 같음)은 밀가와 이스가 두 딸과 아들 롯을 낳고 아버지 데라보다 일찍 세상을 떠났는데 막냇동생인 나홀이 그의 딸 밀가와 혼인하여 여덟 아들을 낳았으며, 나홀은 '아브라함의 동생'이라고 기록되어 있으니(창 24:15) 하란이 맏아들이고, 아브라함, 그리고 나홀임이라.

나홀과 밀가의 아들 부두엘은 리브가와 라반을 낳았다. 아브라함이 그의 아들 이삭을 위하여 신붓감을 고를 때 엘리에셀을 자기 고향, 일가친척이 있는 하란(나홀의 성/밧단아람은 같은 지역)으로 보내 리브가를 데려왔다. 이삭과 리브가는 에서와 야곱을 낳았고 야곱은 눈치 빠르게 직접 밧단아람으로 달려가서 라반의 두 딸 레아와 라헬을 만나 외삼촌에게 14년을 하루같이 일하며 열두 아들을 낳았고 이스라엘 열두 지파를 이루게 되었다.

사라는 데라의 이복 딸로 열 살 오빠인 아브라함과 혼인했다.

사라는 유난히 아름다웠다. 애굽 왕 바로와 그의 고관대작

이 칭찬할 정도로 아리따웠다. 애굽으로 가는 길에 아브라함이 사라에게 말하기를 "내가 알기로 그대는 아리따운 여인이라. 애굽 사람이 그대를 볼 때 이는 그의 아내라 하여 나를 죽이고 그대는 살리리니 원하건대 그대는 나의 누이라 하라. 그러면 내가 그대로 말미암아 내 목숨이 보전되리라." (창 12:11-13)

아담도 선악과를 따 먹고 하나님께 구차한 변명을 한다.

"하나님이 주셔서 나와 함께 있게 하신 여자, 그녀가 그 나무 열매를 내게 주므로 내가 먹었나이다."(창 3:12)

아브라함과 아담은 DNA가 닮은 것 같다.

하나님께서 아들을 주시겠다는 언약을 받으며 아브라함은 엎드려 웃고, 사라는 속으로 웃었다. 여호와께서 "사라가 왜 웃느냐" 하시니 사라가 두려워서 부인하여 이르되 "내가 웃지 아니하였습니다." 이르시되 "아니라, 네가 웃었느니라."(창 18:12-15) 그리고 확실한 언약을 주시었다.

"네 아내 사라가 네게 아들을 낳으리니 그 이름을 이삭(웃음 / 기쁨)이라 하고 내가 그와 내 언약을 세우리라."(창 17:19)

사라가 이삭을 낳았을 때 그녀의 나이 90세였다(창 17:17).

하나님의 계산법

가을이 되어 포도를 따야 하는 포도밭 주인이 공고를 했다. 우리 포도밭에 와서 포도를 따면 하루에 한 데나리온의 품삯을 주겠다. 오전 9시, 낮 12시, 오후 3시, 오후 5시,

저물매 아침부터 와서 일을 한 사람이나 오후 늦게 온 사람이나 약속한 하루 품삯 한 데나리온씩을 똑같이 주었다 (마 20:1-16).

어떤 사람이 양 100마리가 있는데 그중에 한 마리를 잃으면 99마리를 들에 두고 그 잃은 양을 찾기까지 험한 골짜기를 헤매고 찾은즉 즐거워 어깨에 메고 집에 와서 친구들을 불러 기뻐 잔치를 한다(눅 15:3-6).

죄인 한 사람이 회개하면 하늘에서는 회개할 것 없는 의인 아흔아홉으로 말미암은 기쁨보다 더 기뻐하신다(눅 15:7).

공평하신 하나님은 한 생명, 한 영혼을 소중히 사랑하신다.

소돔 고모라는 물이 넉넉하여 여호와의 동산 같았으나 그곳의 죄악이 하늘에 사무쳤으므로 이 성을 멸망시키려 하시자 아브라함은 하나님과 흥정을 시작했다.

"주께서 의인을 악인과 함께 멸하려 하시나이까?"

― 의인 오십 명을 찾으면 그들을 위하여 온 지역을 용서하리라.
"사십은요, 삼십은요, 이십은요, 열 명을 찾으신다면요……."
― 열 명으로 말미암아 멸하지 아니하리라.
그러나, 결국 그 성을 엎으셨다(창 19:29).
죄인의 수가 너무 많아서 홍수로 세상을 멸하기도 하시지만 의인 열 명이 없어서 소돔 고모라를 엎으셨다.
아마 한 명만 있었더라도 살리셨으리라.
하나님이 세상을 이처럼 사랑하사
독생자를 주셨으니… 누구든지… 예수 믿으면…
멸망하지 않고 영생을 얻게 하려 하심이라(요 3:16).

예수 그리스도 한 분이 십자가에 달리시므로 이 세상의 모든 생명을 구원하신다.
과거와 현재와 미래의 온 인류를 대속하신다고 약속하셨다.

세상은 죄인이 많아서 망하는 것이 아니고
의인 열 사람이 없어서 망한다.
죄인 때문에 소돔 고모라를 멸하신 것이 아니시고,
오늘도 의인 열 사람을 찾으신다.

마라나타, 주님 이제 오시옵소서.

여호와 하나님의 열심

믿음으로 열국의 조상이 된 아브라함은 창세기 12장에서 25장까지 하나님께서 친히 나타나시어 직접 말씀하셨다.

하나님이 아브라함(아담력* 1948~2123년)을 대략 12단계 교육 과정으로 훈련하신 것 같다.

1. 네 아비 집을 떠나라(75세, 아담력 2023년).
2. 이 땅을 네게 주리라. 동서남북 온 땅을 네게 주리라.
3. 나는 네 방패요 상급이니, 네 자손이 하늘의 별 같으리라.
4. 이방에서 400년 객이 되어 4대 만에 큰 재물을 이끌고 오리라.
5. 이름을 아브라함이라 개명해 주시고, 할례를 행하여 영원한 언약을 세우시고, 아들 이삭을 약속하심(99세, 아담력 2047년).
6. 내가 하려 하는 것을 아브라함에게 숨기겠느냐.
7. 소돔 고모라 의인 열 명을 약속받는다.
8. 내가 너로 큰 민족을 이루고 네 이름을 창대하게 하리라.
9. 너를 축복하는 자를 축복하고 너를 저주하는 자를 저주하리니 너로 복의 근원이 되게 하리라.
10. 네가 아들, 독자까지도 내게 아끼지 아니하였으니 이

　　　　제야 나 하나님을 경외하는 줄 알았노라.
　11. 내가 나를 가리켜 맹세하노니 네게 큰 복을 주고 네 씨가 하늘의 별과 같고 바닷가의 모래 같을 것이고 네 씨로 천하 만민이 복을 받으리니 네가 나의 말에 준행하였음이니라.
　12. 그리고 '하나님의 벗'이라 칭함을 받는다.

"이제야 경외하는 줄 알았노라" 하심은 우리의 자유 선택을 원하시는 하나님의 무한한 은총임이라.
　아브라함은 노아(아담력 1056~2006)의 10대손으로 노아 892세 태어나서 58년간 동시대를 살았다.
　창세기는 우리 어린 시절 같아서 구체적으로 가르쳐 주시고, 배우며 자라고, 훈련받고 깨달아 하나님을 알게 하신다.

　성경은 유일하신 하나님 신앙을 계승하고 전수하는 믿음의 역사이다.
　계시록은 돌아갈 본향이 있고 우리에게 상급이 있다고 말씀하신다.

"영원토록 공평과 정의로 보존하실 것이라. 만군의 여호와의 열심이 이를 이루시리라."(사 9:7)

* 아담력 : 창 5:1~32, 창 11:10~32. 아담의 계보, 셈의 족보 등을 참고하여 저자가 작성한 아담으로 시작된 연대임.

큰 자가 어린 자를 섬기리라

"아브라함의 씨가 다 그의 자녀가 아니라 오직 이삭으로부터 난 자라야 네 씨라 불리리라 하셨으니 … 그 자식들이 아직 나지도 아니하고 무슨 선이나 악을 행하지 아니한 때에 택하심을 따라 … 리브가에게 이르시되 큰 자가 어린 자를 섬기리라 하셨나니 기록된 바 내가 야곱은 사랑하고 에서는 미워하였다 하심과 같으니라"(롬 9:7, 11, 12-13)

나는 한때, 어떻게 하나님이 편애를 하실까 생각했다.

참깨 씨 다르고, 들깨 씨 다르다. 봉숭아꽃 씨 다르고, 나팔꽃 씨 다르다. 우리 눈에 같은 것처럼 보여도 땅속에 심으면 나팔꽃이 피고 봉숭아가 핀다. 왜 이런 씨를 맺는지 나는 모른다.

하나님께서 그렇게 정하셨다.

이삭은 60세에 리브가에게서 에서와 야곱 쌍둥이를 낳았다.

에서는 장자권이 얼마나 귀한지 모르고 경홀히 가볍게 여겼다. 당장 내 배고픈 것 채우려고 팥죽 한 그릇에 장자의 명분을 맹세하고 판(창 25:33-34) 미련하고 망령된(불순하고 무분별하여 믿음이 없는) 자라 하였다(히 12:16). 에서는 할아버지 아브라함이 밧단아람까지 심복을 보내어 고향에서 어머니를 데려

온 부모님의 사랑 이야기에도 관심이 없다. 가나안 여자를 아내로 맞으니 "헷사람 딸들로 인해 내 삶이 싫어졌다. 살고 싶지 않다"고 엄마가 근심하여도 족보와 상관없는 이스마엘의 딸 마할렛을 또 아내로 맞는다.

장자권이라 함은 가족의 상속권, 주도권, 축복권이 있다. 장자는 거의 맏아들이 이어 가는데 하나님의 통치권 안에서 이루어지는 것이다. 야곱은 할아버지 아브라함에게 약속하신 축복의 소중함을 엄마의 태 속에서부터 알고 있었고 마음 깊이 새겼다. 부모의 명에 따라 고향으로 가는 길에 하나님의 음성을 듣고, 약속을 확인받고, 벧엘에 제단을 쌓았다. 고향에 도착하여 우물가에서 라헬을 보고 첫눈에 반하여 외삼촌 라반을 위하여 7년, 덤으로 레아를 위하여 7년, 도합 14년을 무보수로 섬겼으나 라헬을 사랑한 까닭에 수일처럼 여겼다. 그렇게 사랑한 라헬이 아들을 낳지 못하여 "내게 자식을 낳게 하라. 아니면 죽겠노라" 억지를 쓰자 야곱은 "내가 하나님을 대신 하겠느냐"고 가르치고 다스린다(창 30:2). 야곱은 이스라엘의 장자권을 계승했다.

아브라함의 하나님, 이삭의 하나님, 야곱의 하나님,
믿는 자의 하나님, 나의 하나님,
하나님의 열심을 알아 소망하며 계승한다.

이스라엘의 하나님

 야곱이 길을 떠나서 가는데, 하나님의 천사들이 야곱 앞에 나타났다.

 야곱이 그들을 알아보고 "이곳은 하나님의 진이구나!" 하면서, 그곳 이름을 마하나임이라고 하였다.

 야곱이 에돔 벌 세일 땅에 사는 형 에서에게, 자기보다 먼저 심부름꾼들을 보내면서 지시하였다. "너희는 나의 형님 에서에게 가서, 이렇게 전하여라. '주인의 종 야곱이 이렇게 아룁니다. 저는 그동안 라반에게 몸 붙여 살며, 최근까지도 거기에 머물러 있었습니다.

 저에게는 소와 나귀, 양 떼와 염소 떼, 남종과 여종이 있습니다. 형님께 이렇게 소식을 전하여 드립니다. 형님께서 저를 너그럽게 보아 주십시오.'"

 심부름꾼들이 에서에게 갔다가, 야곱에게 돌아와서 말하였다. "주인어른의 형님인 에서 어른께 다녀왔습니다. 그분은 지금 부하 사백 명을 거느리고, 주인어른을 치려고 이리로 오고 있습니다."

 야곱은 너무나 두렵고 걱정이 되어서, 자기 일행과 양 떼와 소 떼와 낙타 떼를 두 패로 나누었다.

에서가 와서 한 패를 치면, 나머지 한 패라도 피하게 해야겠다는 속셈이었다.

야곱은 기도를 드렸다. "할아버지 아브라함을 보살펴 주신 하나님, 아버지 이삭을 보살펴 주신 하나님, 고향 친족에게로 돌아가면 은혜를 베푸시겠다고 저에게 약속하신 주님,

주님께서 주님의 종에게 베푸신 이 모든 은총과 온갖 진실을, 이 종은 감히 받을 자격이 없습니다. 제가 이 요단강을 건널 때에, 가진 것이라고는 지팡이 하나뿐이었습니다만, 이제 저는 이처럼 두 무리나 이루었습니다.

부디, 제 형의 손에서, 에서의 손에서, 저를 건져 주십시오. 형이 와서 저를 치고, 아내들과 자식들까지 죽일까 두렵습니다.

주님께서 말씀하시기를 '내가 반드시 너에게 은혜를 베풀어서, 너의 씨가 바다의 모래처럼 셀 수도 없이 많아지게 하겠다' 하시지 않으셨습니까?"

그날 밤에 야곱은 거기에서 묵었다. 야곱은 자기가 가진 것 가운데서, 자기의 형 에서에게 줄 선물을 따로 골라냈다.

암염소 이백 마리와 숫염소 스무 마리, 암양 이백 마리와 숫양 스무 마리,

젖을 빨리는 낙타 서른 마리와 거기에 딸린 새끼들, 암소 마흔 마리와 황소 열 마리, 암나귀 스무 마리와 새끼 나귀 열 마리였다.

야곱은 이것들을 몇 떼로 나누고, 자기의 종들에게 맡겨서, 자기보다 앞서서 가게 하고, 떼와 떼 사이에 거리를 두

게 하라고 일렀다.

야곱은 맨 앞에 선 종에게 지시하였다. "나의 형 에서가 너를 만나서, 네가 뉘 집 사람이며, 어디로 가는 길이며, 네가 끌고 가는 이 짐승들이 다 누구의 것이냐고 묻거든,

너는 그에게 '이것은 모두 주인의 종 야곱의 것인데, 야곱이 그 형님 에서께 드리는 선물입니다. 야곱은 우리 뒤에 옵니다' 하고 말하여라."

야곱은, 둘째 떼를 몰고 떠나는 종과, 셋째 떼를 몰고 떠나는 종과, 나머지 떼를 몰고 떠나는 종들에게도, 똑같은 말로 지시하였다. "너희는 에서 형님을 만나거든, 그에게 똑같이 말하여야 한다. 그리고 '주인의 종 야곱은 우리 뒤에 옵니다' 하고 말하는 것을 잊지 않도록 하여라."

야곱이 이렇게 지시한 데는, 자기가 미리 여러 차례 보낸 선물들이 그 형 에서의 분노를 서서히 풀어 주고, 마침내 서로 만날 때에는, 형이 자기를 반가이 맞아 주리라고 생각하였기 때문이다.

그래서 야곱은 선물을 실은 떼를 앞세워서 보내고, 자기는 그날 밤에 장막에서 묵었다.

그 밤에 야곱은 일어나서, 두 아내와 두 여종과 열한 아들을 데리고, 얍복 나루를 건넜다.

야곱은 이렇게 식구들을 인도하여 개울을 건너 보내고, 자기에게 딸린 모든 소유도 건너 보내고 난 다음에,

뒤에 홀로 남았는데, 어떤 이가 나타나서 야곱을 붙잡고 동이 틀 때까지 씨름하였다. 그는 도저히 야곱을 이길 수

없다는 것을 알고서 야곱의 엉덩이뼈를 쳤다. 야곱은 그와 씨름을 하다가 엉덩이뼈를 다쳤다. 그가, 날이 새려고 하니 놓아 달라고 하였지만, 야곱은 자기에게 축복해 주지 않으면 보내지 않겠다고 떼를 썼다.

그가 야곱에게 물었다. "너의 이름이 무엇이냐?" 야곱이 대답하였다. "야곱입니다."

그 사람이 말하였다. "네가 하나님과도 겨루어 이겼고, 사람과도 겨루어 이겼으니, 이제 네 이름은 야곱이 아니라 이스라엘이다."

야곱이 말하였다. "당신의 이름이 무엇인지 가르쳐 주십시오." 그러나 그는 "어찌하여 나의 이름을 묻느냐?" 하면서, 그 자리에서 야곱에게 축복하여 주었다.

야곱은 "내가 하나님의 얼굴을 직접 뵙고도, 목숨이 이렇게 붙어 있구나!" 하면서, 그곳 이름을 브니엘이라고 하였다 (창 32:24-30).

그가 브니엘을 지날 때에, 해가 솟아올라서 그를 비추었다. 그는, 엉덩이뼈가 어긋났으므로, 절뚝거리며 걸었다.

밤에 나타난 그가 야곱의 엉덩이뼈의 힘줄을 쳤으므로, 이스라엘 사람들은 오늘날까지 짐승의 엉덩이뼈의 큰 힘줄을 먹지 않는다.

히브리어로 '이스라'는 동사인데 주도하다, 지배하다, 다스린다는 뜻이고 '엘'은 하나님이시다.

하나님이 주어일까? 목적어일까?

한글 성경은 하나님을 목적어에 두고 해석했다.
"야곱이 하나님과 겨루어 이겼다"고 기록하고 있다.

브니엘, '브니'는 얼굴이고 '엘'은 하나님이니, '하나님의 얼굴'이다.
벧엘, 하나님의 집, 엘 벧엘, 하나님이 계시는 '하나님의 집'.
이스라엘, '하나님께서 다스리신다'.
만물을 지으신 창조주께서 피조물의 시간 안으로 들어오셔서 하나님이 주도하시고 간섭하시고 다스리실 것을 선포하심이다.
창세기에서 요한계시록까지 하나님의 소원은 하나이시다.
"너는 내 백성이 되고 나는 너희 하나님이 되리라."

"이스라엘아 너를 지으신 이가 말씀하신다. 내가 너를 구속하였고 내가 너를 지명하여 불렀나니 너는 내 것이라. 네가 물 가운데로 지날 때 내가 너와 함께 할 것이라. 불 가운데로 지날 때 타지 아니할 것이니 네가 내 눈에 보배롭고 존귀하여 내가 너를 사랑한다."(사 43:1-5)

하나님께서 나를 지명하여 부르시고
'이스라엘'의 하나님이 되어 주신다.

유대 민족의 아버지 유다

야곱은 12아들을 낳았고, 이스라엘 열두 지파를 이루었다.
첫아들 르우벤은 아버지의 침상을 범한 죄로 장자권을 잃고, 둘째 시므온과 셋째 레위는 그들의 누이 디나를 이방 남자 세겜에게 시집보낼 수 없다 하여 할례를 행하게 하고 하몰 가족을 몰살한다. 넷째 유다는 이런 사건들을 보면서 자기 형제들로부터 떠나가서 가나안 아내를 맞아 세 아들을 낳는다. 첫아들이 후사 없이 죽고 작은아들이 유전에 의한 의무를 수행하지 않으므로 여호와의 눈에 악하여 둘째도 죽는다. 유다는 며느리 다말에게 막내아들이 어리니 장성할 때까지 친정에 가 있으라고 보냈으나 여러 해가 지나도 부르지 않았다. 당시 풍습은 혼인한 여자가 잉태하지 못하여 대를 잇지 못하면 지옥 제일 밑바닥으로 간다고 믿었다. 지옥에 가지 않으려면 어떻게 해서든 아가를 낳아야 했다. 다말이 지혜를 내었다. 시아버지 유다가 잔칫집에 다녀온다는 소문을 듣고 화려한 옷을 입고 길거리 여인인 것처럼 하여 동침을 하고 대가로 그의 지팡이를 요구했다. 석 달쯤 후 다말이 임신을 하였다는 소문을 듣자 유다는 당장 불에 태워 죽여라 명령하였다. 여인이 끌려 나오면서 이 물건의 임자로 말미

암아 임신하였나이다. 유다가 지팡이를 알아보고 그 즉시 이르되

"그 여인이 옳고 내가 잘못했다" 인정하고 다말을 살려 주었다.

다말은 베레스와 세라 쌍둥이를 낳고 다윗 왕가를 이루고 예수 그리스도가 그의 후손으로 오셨다.

아담은 에덴에서 하와에게 책임을 전가하고, 아브라함, 이삭은 목숨을 부지하려 아내를 누이라 속이며, 잘못은 자기가 하고 여자에게 핑계 대는 공통된 DNA 선수들이었는데 유다는 핑계 대지 않았다. 내가 잘못했다, 자신의 책임을 인정했다.

유다는 요셉의 생명을 형제들의 손에서 구했고, 곡식을 얻으러 애굽에 가서 베냐민 대신 담보가 되어 베냐민을 살렸다.

"유다야, 너는 네 형제의 찬송이 될지어다. 왕권의 지팡이가 그에게서 떠나지 아니하시기를 평강의 구주가 오시기까지 그에게 모든 백성이 복종하리로다."(창 49:8-10)

유다는 장자권을 계승받고 유대 민족의 아버지가 되었다.

꿈꾸는 요셉

요셉은 야곱에게는 11번째, 라헬에게는 첫 번째 아들이다. 용모가 빼어나고 아름다웠다고 기록하고 있다.

야곱이 노년에 얻은 아들이므로 다른 형제들보다 더 사랑하여 귀한 채색옷을 입혔다. 요셉은 꿈쟁이었다.

형들의 곡식단들이 요셉의 곡식단에 절을 하고, 해와 달과 열한 별이 절을 하는 꿈을 꾸고 17세에 애굽으로 팔려 가게 되었으나 이 모든 일에 여호와께서 함께하시므로 "그가 형통하였다"라는 '형통'이 창세기 39장에 5번이나 기록되어 있다 (창 39:2, 3, 5, 21, 23). 모함을 받아 감옥에 있을 때, 술 맡은 관원장의 꿈을 해석해 주고, 떡 굽는 관원장의 꿈을 해석해 주고, 바로 왕이 꾼 꿈을 해석해 주고 대비책도 알려 준다.

"파리한 일곱 암소와 살찐 일곱 암소, 충실한 일곱 이삭과 마른 일곱 이삭의 꿈은 칠 년 동안 풍년이 들고 칠 년 후 흉년이 온다는 뜻이다. 거듭된 꿈은 하나님께서 속히 행하실 것이니 풍성할 때 관리를 잘 해서 흉년 들 때를 대비해야 한다." 바로 왕은 그 자리에서 요셉을 애굽의 총리로 임명하고 다스리게 하였다.

요셉의 나이 삼십 세였다.

신약의 요셉도 꿈을 꾸었다.

주의 사자가 현몽하여 나타나 "다윗의 자손 요셉아. 네 아내 마리아는 성령으로 잉태되어 아들을 낳으리니 이름을 예수라 하라." 잠에서 깨어 분부대로 그 아내를 데려오고, 꿈의 지시를 받아 애굽으로 피신하고, 헤롯의 죽음을 알려주고, 갈릴리 지방 나사렛 동네에서 어린 예수님이 자라게 하셨다(마 1:20-24; 2:13-23).

동방박사도 꿈을 꾸고 헤롯에게로 돌아가지 않았다(마 2:12).

우리도 꿈을 꾼다.

"내가 성령을 모든 사람에게 부어 주겠다. 너희 자녀들은 예언할 것이며 너희 청년들은 환상을 보고 너희 노인들은 꿈을 꿀 것이다."(욜 2:28; 행 2:17)

약속하신 대로 오순절에 성령님이 오시었고

마라나타- 우리는 다시 오실 주님을 기다린다.

나그넷길, 험악한 세월을 보내었다

아브라함으로 시작된 믿음의 족보는 이삭으로, 그리고 야곱으로 이어지고 요셉은 애굽의 국무총리가 되어 7년 풍년 후, 7년 흉년을 맞는다. 야곱은 70여 명의 직계가족을 이끌고 애굽으로 이동한다. 죽은 줄 알았던 요셉을 만나고 애굽 왕의 환대를 받으며 "바로가 묻되 네 나이가 얼마냐. 야곱이 아뢰되 내 나그네 세월 130년이나 험악한 세월을 보내었나이다."(창 47:8-9)

고난은 은총의 과정인 것 같다.

믿음은 순종이고 순종은 고난을 통하여 훈련받고 은총으로 이어지고 축복의 열매를 맺는다. 하나님께서 에덴동산에 선악과나무를 두어 우리가 선악을 스스로 판단하고 선택할 것을 원하신다. 흙으로 빚으셨으나 우리는 하나님의 형상을 닮았다.

선한지 악한지 판단하여 자유의지로 선을 따를 것을 간절히 소망하신다.

애굽에서 430년의 오랜 시간이 흐르고 아브라함의 자손은 전쟁을 치를 수 있는 남자 장정만 계수하여 60만 명(그에 속한 가족까지 합하면 250만 명 추산) 고향 가나안으로 귀환하기 위해 애굽을 떠난다. 이미 창세기 15장 13-14절에서 아브라함에게 약속하신 말씀이었다. "네 자손이 이방에서 객이 되어 그들을 섬기겠고 사백 년 동안 괴롭게 할 것이나 네 자손 4대만에 큰 재물을 이끌고 이 땅으로 돌아오리라."

고센 땅 숙곳에서 예루살렘까지 직선거리 열하룻길을 아랫길로 돌리셔서 홍해를 갈라 건너게 하시고 광야에서 만나와 메추라기로 먹이시고 불기둥 구름기둥만 바라보며 따라오게 하시고, 3개월 후 시내 산에서 십계명을 주시고 2년 2개월 교육과정을 마치셨다. 이스라엘 열두 지파 대표를 뽑아 열두 정탐꾼으로 40일 동안 정탐하게 하셨으나 이스라엘의 불순종으로 40년 광야 훈련이 시작되었다.

"모든 은혜의 하나님 곧 그리스도 안에서 너희를 부르사 자기의 영원한 영광에 들어가게 하신 이가 잠깐 고난을 당한 너희를 친히 온전하게 하시며 굳건하게 하시며 강하게 하시며 터를 견고하게 하시리라"(벧전 5:10)

노아의 방주와 갈대 바구니

애굽에서 이스라엘 자손이 생육하고 번성하여 매우 강하여지고 온 땅에 가득하게 되었다. 요셉을 알지 못하는 새 왕이 애굽을 다스리게 되자 이스라엘을 두려워하여 히브리인이 아들을 낳으면 나일강에 던져 죽이고 딸이면 살려 두라 명을 내렸다.

레위 지파에서 한 아들이 태어났다. 갈대로 상자를 만들어 아기를 담아 나일강에 띄우고 누이에게 잘 살피라 하였다.

노아의 방주와 갈대 바구니는 닮았다.

내부에 역청과 나무 진을 발랐으며 둘 다 방향키가 없었다.

물 흐르는 대로 물결 따라 흘러간다.

마침 바로의 딸이 나일강으로 목욕하러 내려오고 갈대 상자 안의 아기가 히브리인의 아기인 줄 알고 불쌍히 여겨 아들로 삼고자 하니 옆에서 지켜보던 누이가 유모로 아기의 어머니를 불러오게 되었다. 어머니 젖을 먹으며 자랐으며 바로의 딸에게 데려가니 그 이름을 모세라 하였다. (모세 : 물에서 건져 냄.)

모세는 친모 요게벳의 품에서 자라고

공주의 아들로 바로의 왕궁에서 40년을 보냈다.

히브리인으로 태어나 애굽 왕가의 교육을 받았다.

구약의 창세기, 출애굽기, 레위기, 민수기, 신명기를 집필했다는 전승에 의해 이를 모세 5경이라 한다.

압박받는 히브리인을 구하기 위해 애굽인을 죽이고 광야로 도망간다. 미디안 족속의 제사장 이드로의 딸 십보라를 만나 광야에서 40년을 목동으로 지낸다. "이 사람 모세는 온유함이 지면의 모든 사람보다 더하더라"(민 12:3)

의분이 넘쳤으나 온유한 모세가 되는 데 40년이 걸렸고, 갈대 상자의 아기가 250만 민족을 이끌고 출애굽 하는 데 80년의 시간이 필요했다. 이제 모세는 하나님과 얼굴과 얼굴을 마주하여 대화를 나눈다고 하나님이 보증하셨다.

"여호와께서 이르시되 너희 중에 선지자가 있으면 나 여호와가 환상으로 나를 그에게 알리기도 하고 꿈으로 그와 말하기도 하거니와 내 종 모세와는 그렇지 아니하니 그와는 내가 대면하여 명백히 말하고 은밀한 말로 하지 아니하며 그는 또 나 여호와의 형상을 볼 수 있다."(민 12:6-8)

네 발에서 신을 벗어라

모세는 미디안 제사장인 그의 장인 이드로의 양 떼를 치는 목자가 되었다. 그가 양 떼를 몰고 광야를 지나서 하나님의 산 호렙으로 갔을 때 거기에서 주님의 천사가 떨기 가운데서 이는 불꽃으로 그에게 나타났다. 그가 보니, 떨기에 불이 붙는데도, 그 떨기가 타서 없어지지 않았다.

모세는, 이 놀라운 광경을 좀 더 자세히 보고, 어째서 그 떨기가 불에 타지 않는지를 알아보아야 하겠다고 생각하였다.

모세가 그것을 보려고 오는 것을 보시고, 하나님이 떨기 가운데서 "모세야, 모세야!" 하고 그를 부르셨다. 모세가 대답하였다. "예, 제가 여기에 있습니다."

하나님이 말씀하셨다. "이리로 가까이 오지 말아라. 네가 서 있는 곳은 거룩한 땅이니, 너는 신을 벗어라."(출 3:1-5)

성경에서 신을 벗는다는 것은 소유권의 포기를 의미한다.

신발은 지위와 신분의 상징이고 노예들은 맨발로 다녔다.

부끄러운 일을 한 사람은 그의 신을 벗기고 '신 벗김받은 자'라 불리었고(신 25:10), 무르거나 교환하는 일을 확정하기 위하여 그의 신을 벗어 주는데 보아스도 룻과 결혼하기 위해 기업 무를 사람이 자기의 신을 벗어 주어 권리를 양도했다(룻 4:7-8).

'누미노제', 두렵고 떨림으로 경외하는 하나님 앞에 자신의 주권을 내려놓고 온전히 하나님의 주권을 인정하고 결단하는 자리이다. 하나님과 나와의 관계를 정립하고 하나님의 거룩하심에 존중함으로 신을 벗는 것이다.

"이제 하나님은 나의 하나님이 되고 나는 하나님의 백성입니다."

결단하고 인감도장 찍어서 약속을 체결하는 것이다.

프랑스 떼제(Taizé : 영성공동체) 입구의 작은 문을 열고 들어서면 바로 앞에 나막신 한 켤레 놓여 있다.

"이곳은 거룩한 곳이니"

가슴을 여미고 고개를 숙이고 숨을 고르며 오른쪽 좁고 긴 복도로 들어서면 떼제 특유의 찬송이 조용하고 거룩하게 들려온다.

키리에 키리에 엘레이손(주여 주님 긍휼히 여겨 주시옵소서)

우리는 이미 경배와 찬양을 드리기에 합한 마음으로 고개를 숙이며 예배를 준비한다.

하나님은 어디나 계시지만
때로는 만남의 장소를 정해 주시기도 한다.

* Numinose : 하나님의 절대적이고 신비한 거룩하심에 두렵고 떨리는 경외심을 말한다. (독일 신학자 Rudolf Otto, 1869-1937)
* 떼제 공동체(The Taizé Community)는 개신교의 교회일치운동을 지지하며 형성된 프랑스 수도회이다.

하나님의 이름 1

"모세가 하나님께 아뢰되 내가 이스라엘 자손에게 가서 이르기를 너희의 조상의 하나님이 나를 너희에게 보내셨다 하면 그들이 내게 묻기를 그의 이름이 무엇이냐 하리니 내가 무엇이라고 그들에게 말하리이까 하나님이 모세에게 이르시되 나는 스스로 있는 자이니라 … 이는 나의 영원한 이름이요 대대로 기억할 나의 칭호니라"(출 3:13-15, 개역개정)

유대인들은 하나님의 이름을 감히 부르지 못했다(출 20:7).

우리나라에서도 웃어른들, 아버님, 할아버님의 함자를 함부로 부르지 못함이다. 성경 기록자들은 하나님 이름이 나오면 쓰던 일을 멈추고 목욕재계하고 마음을 가다듬고, 붓을 깨끗이 헹구고 다시 기록을 시작했다.

우리는 오직 한 분이신 하나님이라 고백하고, 천주교에서는 하늘에 계신 분, 하느님이라 부른다.

히브리 성경은 모음 없이 자음으로만 YHWH라고 기록하고

아도나이(Adonai : 나의 주님)라고 발음한다.

바벨론 포로 이후 전 세계로 흩어진 유대인 디아스포라들을 위해 성경 번역이 절실히 필요하여 주전 3세기경 모세 5경을

히브리어에서 당시 세계 공통어인 헬라어로 번역하기 시작하였다.

이스라엘 12지파에서 6명씩 선발되어 72명이 각기 처소에서 번역하여 70인역이라 하는데 번역이 모두 일치하였다고 한다.

예수님도 이 성경을 읽으셨고 인용하셨다.

하나님을 엘로힘으로 2,500여 회(창세기 1장에 31번) 기록하였고,

여호와 6,700여 회[출 3:14, YHWH 자음에 아도나이 모음을 넣어 '에흐예(ehyeh)'로 기록하였는데 종교 개혁 이후 16세기에 이르러 여호와, 야훼로 발음하여 번역함] 기록되었다.

엘(EL) 최고의 신. 이스라엘, 벧엘, 엘 벧엘,

엘로힘(Elohim) : 천지를 창조하신 삼위의 하나님(창 1장)

엘 샤다이(El-Shadday) : 전지전능하신 하나님(창 17:1)

여호와 이레(Jehovah-yirrh) : 준비하시는 하나님(창 22:14)

여호와 라파(Jehovah-Rapha) : 치료하시는 하나님(출 15:26)

여호와 닛시(Jehovah-Nissi) : 승리하시는 하나님(출 17:15)

여호와 샬롬(Jehovah-Shalom) : 평강의 하나님(삿 6:24)

여호와 삼마(Jehovah-Shammah) : 함께하시는 하나님(겔 48:35)

하나님의 성품을 알려 주시는 하나님의 이름이다.

하나님의 이름 2

"모세가 하나님께 아뢰었다. 제가 이스라엘 자손에게 가서 너희 조상의 하나님께서 나를 너희에게 보내셨다고 말하면 그의 이름이 무엇이냐고 물을 터인데, 무엇이라고 대답해야 합니까. 하나님이 모세에게 대답하셨다. 나는 곧 나다. 이것이 영원한 나의 이름이며 대대로 기억할 나의 이름이다."(출 3:14-15)

나는 모태 신앙이다.

때로는 하나님께 불평하기도 하지만 매번 며칠 못 가 항복하고 목회하시는 아버님 덕에 하루 종일 성전 뜰에서 뛰놀며 자랐다.

평생을 돕는 배필로 살겠다고 허리를 꺾었는데 2009년 가을, 하늘에서 해야 할 일이 있으셨는지 남편을 먼저 불러 가셨다.

내가 울면 그의 부재를 인정하는 것 같아서 소리 내어 울지도 못하고 어금니 꽉 물고 끅끅거리고 있는데 하나님의 음성이 천둥 번개 치며 들렸다.

"나는 나다!" 다른 설명이 필요하지 않으셨다. 이렇게 확실하게 자신에 대해 말씀하시는데 감동이 머리끝에서 발끝까지 흐르고 나는 무릎을 꿇었다.

　태초에 하나님께서 나를 창조하시고, 이름 지어 불러 주시고, 해와 달과 별들을 만드시고, 나 하나 위해 죽기까지 책임져 주신다고 나의 심장을 두드리셨다. 그동안 하나님을 목사님이신 아버지의 하나님으로만 믿은 것은 아니었을까…….
　나를 지으신 분, 나를 여기까지 인도하신 분, 나의 앞날을 간섭하시고 나의 삶 전체를 책임져 주실 분,
　아브라함의 하나님, 이삭의 하나님, 야곱의 하나님께서
　"나는 너의 하나님이다!"라고 말씀하셨다.

　하나님이 모든 영혼에게 첫사랑이신 것은
　천국에 있는 나의 자리는 오직 나 한 사람에게 맞추어
　한 땀 한 땀 만들어졌기 때문이다. (C. S. 루이스)

　하나님 아버지,
　당신은 오직 한 분 나의 영혼의 아버지이십니다.

내가 내 이름을 위하여

내가 내 이름을 위하여, 나의 삶을 두고 맹세하노니, 내 거룩한 이름을 위하여 이제 열심을 내어 이스라엘 온 족속에게 사랑을 베풀리라(겔 20:9, 14, 22, 31, 33, 44; 39:25).
내 영혼을 소생시키시고 자기 이름을 위하여 의의 길로 인도하시는도다(시 23:3).

우리는 하나님께서 당신의 거룩한 이름을 위하여 의의 길로 인도하시는 존재이다. 하나님께서 당신의 이름을 걸으심은 온전히 자신의 책임을 확증하시는 것임이라.
성경에서 거듭거듭 말씀하신다.
내 이름을 위하여 내 영광을 위하여 내가 참고 너를 멸절하지 아니하리니(사 48:9).
여호와께서 자기의 이름을 위하여 그들을 구원하였으니 그의 큰 권능을 만민이 알게 하려 하심이라(시 106:8).
내 이름으로 무엇을 구하든지 행하리라(요 14:13-14).
내 이름으로 구하라. 기쁨이 충만하리라(요 16:24).
누구든지 주의 이름을 부르는 자는 구원을 얻으리로다(행 2:21).

하나님과 직접 대화를 나눈 사람 중에 아담의 맏아들 가인이 있다. "네 아우 아벨이 어디 있느냐?" 물으시고 가인을 죽이는 자는 벌을 7배나 받게 하겠다 약속하시고 증거로 표를 주사 죽음을 면케 하셨으며 그의 7대손까지의 족보가 성경에 기록되어 있다. 주께서 창조하신 사람에 대한 온전한 자비와 긍휼과 끝없는 은총이심이라.

"우리가 아직 죄인 되었을 때에 그리스도께서 우리를 위하여 죽으심으로 하나님께서 우리에 대한 자기의 사랑을 확증하셨느니라"(롬 5:8)

하나님께서 당신의 이름을 거셨고, 삶으로 맹세하셨으니 우리는 하나님의 보증수표이다.

그의 이름에 합당한 열매를 맺어야 하는 이유이다.

택하신 민족의 훈련 과정 1

하나님께서 아브라함에게 "하늘의 별같이 땅의 모래같이" 축복하실 것을 약속하시고 요셉은 애굽의 국무총리가 되어 7년 흉년을 지혜롭게 다스리고, 가장 비옥한 고센 땅을 거처로 허락받고, 이스라엘은 애굽의 국고성 라암셋을 기업으로 받았다.

애굽에 거주한 지 430년 만에 가나안 여정이 시작되었다.

이는 이미 믿음의 조상 아브라함에게 언약하신 축복의 약속이었다. "너는 반드시 알라, 네가 이방에서 400년 객이 되려니와 4대 만에 큰 재물을 이끌고 이 땅으로 돌아오리라."(출15:14-16)

야곱의 직계 가족 70명이 애굽에 갔으나(창 46:27) 애굽을 떠날 때는 장정만 60만이요 여자와 어린이까지 약 250만이었더라.

"블레셋 길은 가까울지라도 하나님이 그들을 그 길로 인도하지 아니하셨으니 이는 이 백성이 전쟁을 하게 되면 마음을 돌이켜 애굽으로 돌아갈까 염려하셨음이라."(출 13:17)

당시 블레셋은 철기 문화였고 애굽에서 종살이하던 이스라엘은 무기가 없었다. 직선 길을 돌리시어 홍해를 가르시고 낮에는 구름기둥, 밤에는 불기둥으로 인도하시었으나 홍해 건넌 지 사흘 만에 목이 마르다고 하나님을 원망하기 시작했다. 라마의 쓴 물을 달게 만들어 주시고 모든 육체의 질병에서 구해 주실 것을 언약하시며 첫 수업으로 '여호와 라파' 치료하시는 하나님이심을 알려 주셨다.

출애굽 한 지 둘째 달 십오 일 만에 이 백성은 배가 고프다고 애굽으로 돌아가 차라리 애굽 땅에서 죽었으면 좋았겠다고 악한 말로 원망과 불평을 또 시작하였다.
모세는 모든 백성이 자기들의 천막 문에서 우는 소리를 들었다. 여호와께서 몹시 노하시므로 모세가 괴로워하다가 여호와께 이렇게 말하였다. "어째서 주의 종에게 이런 괴로움을 주십니까? 어째서 내가 주 앞에서 은혜를 입게 하지 않으시고 이 백성의 짐을 나에게 지우셨습니까?
그들이 나의 자녀들입니까? 내가 그들의 아버지라도 됩니까? 어째서 나에게 유모가 젖 먹는 아기를 품듯 이 백성을 품고 그들 조상들에게 약속하신 땅으로 들어가라고 하십니까?
이 모든 백성이 먹을 고기를 내가 어디서 구할 수 있겠습니까? 그들은 지금 울면서 고기를 달라고 아우성치고 있습니다.
이 백성에 대한 책임이 너무 무거워 나 혼자서는 이들을 데리고 갈 수 없습니다.
주께서 나를 이렇게 대하시려거든 차라리 즉시 나를 죽여 나의 이 비참한 모습을 보지 않게 해 주십시오. 이것이 나에게 은혜를 베푸시는 길입니다!"

그러자 하나님께서 저녁에는 메추라기와 아침에는 만나를 이슬과 함께 내려 주시고 이에 대한 율례와 법도를 정하셨다. "하루 먹을 분량만큼만!"(한 사람에게 한 오멜=약 2L) 거두게 하셨다. 하루가 지나면 상해서 냄새나고 먹을 수 없었다. "오늘날 우리에게 일. 용. 할 양식을 주옵시고--"

여섯째 날에는 두 배 분량을 거두게 하셨으며 상하지도 않아서 다음 날인 일곱째 날을 안식하게 하셨다.

이렇게 안식일에 대한 실제 교육을 시작하셨다.

주께서 사십 년 동안 너희를 광야에서 인도하셨거니와 너희 옷이 낡아지지 아니하였고 너희 신발이 해어지지 아니하였다(신 29:5).

택하신 민족의 훈련 과정 2

이스라엘은 애굽을 떠난 지 삼 개월 만에 시내산에 도착했다.

"모든 세계가 다 내게 속하였으나 너희는 모든 민족 중에 내 백성이 되고 내 소유가 되겠고 거룩한 내 백성이 되리라" 선언하시고, 여호와께서 돌판 두 개에 열 가지 계명을 직접 새기어 모세에게 주시며 눈높이 교육을 시작하셨다.

십계명은 하나님과 이스라엘 백성과의 첫 번째 언약으로 최초로 기록된 성경이다.

금지 규범이 8개 항목이고 행하여야 하는 규범이 2개이다.

다른 신을 두지 말고, 우상을 만들지 말고, 망령되이 부르지 말고, 살인하지 말고, 간음하지 말고, 도둑질하지 말고, 거짓 증거 하지 말고, 이웃의 집을 탐내지 말고, 안식일을 지킬 것과 부모를 공경할 것이다. 천지를 창조하신 하나님이 나의 영혼의 아버지이심을 믿음으로 신앙은 시작된다.

믿고 철이 나면 "하지 말아라" 하신 금지 규범은 지키려고 노력하고 육신의 부모님은 당연히 사랑하고 공경한다.

가장 중요한 것은 "안식일을 기억하여 거룩하게 지켜라"이고, 유대인의 탈무드와 미쉬나에서 안식일을 거룩히 지키기 위하여 39가지 금지 사항을 세세하게 명시하고 있다.

바느질도 못 하고, 밭도 못 갈고, 빵 굽는 것도, 양의 털을 깎을 수도 없다. 안식일에 걸을 수 있는 거리도 제한되어 있다.

민수기에 어떤 사람이 안식일에 나무하는 것을 발견하고 진영 밖으로 끌고 나가 돌로 쳐서 죽였다. 이유는 나무를 한 목적이 불을 피우기 위함이었고 이는 "안식일에는 너희의 모든 처소에서 불도 피우지 말지니라"(출 35:3) 기록되어 있음이다. 일벌백계 경각심의 본보기가 되어 유대인은 지금도 안식일에 엘리베이터 버튼도 못 누르고, 냉장고 안의 전등은 금요일 오전에 미리 꺼 놓는다.

하나님의 창조 법칙은 저녁이 되며 아침이 온다는 것이다.
엿새 동안 하늘과 땅과 바다와 온 우주 만물을 만드심은 일곱째 날을 온전히 안식하시기 위함이시리라.
삶의 모든 여정이 끝나는 날,
우리는 하나님과 함께 영원한 안식을 누릴 것이다.

"하나님이 그 일곱째 날을 복되게 하사 거룩하게 하셨으니 이는 하나님이 그 창조하시며 만드시던 모든 일을 마치시고 그 날에 안식하셨음이니라"(창 2:3)

이 땅을 너희에게 주리니

하나님께서 '택하신 민족의 훈련 과정' 기간은
원래 2년 2개월 계획이었다.

출애굽 한 지 2년 2개월 첫째 날(민 1:1) 시내 광야에서 모세에게 명하시어 모든 종족과 가문에 따라 전쟁에 나갈 20세 이상 남자의 수만 계수하라 하시니 이는 가나안 정복을 위함이다.

"내가 너희의 조상 아브라함과 이삭과 야곱에게 맹세하여 그들과 그들의 후손에게 주리라 한 땅이 너희 앞에 있으니 들어가서 그 땅을 차지할지니라"(신 1:8)

이 땅을 너희에게 주었으니 주저하지 말고 두려워하지 말고 올라가 정복하라 하셨으나 이 백성은 정탐꾼을 보내어 먼저 살펴보자 주장하여 각 지파에서 12명을 택하여 40일간 정탐하게 하였다. 결론은 열 명과 두 명으로 나뉘었다.

다수의 의견이 절대적으로 옳은 것은 아니다.

"온 회중이 소리 높여 부르짖고 백성이 밤새도록 통곡하며 우리가 애굽에서 죽었거나 광야에서 죽었으면 좋았을 것을 어찌하여 우리를 이 땅으로 인도하여 칼에 쓰러지게 하는가. 우리 처자가 사로잡히리니 애굽으로 돌아가자."(민 14:1-4)

백성들은 후렴처럼 반복하여 원망하며

"스스로 보기에도 우리는 메뚜기 같았다"는 존귀한 하나님 백성의 말에 하나님께서 진노하셨다.

"내가 내 삶을 두고 맹세하노니 너희가 걱정하는 너희의 처자와 유아들은 내가 인도하여 들이려니와 너희 중에서 20세 이상 계수된 자 전부가 정탐한 40일의 날수대로 하루를 일 년으로 쳐서 사십 년간 광야에서 모두 소멸하리라."(민 14:28-35)

"내 영광과 내 이적을 보고도 이같이 10번이나 나를 시험하고 나의 목소리를 청종하지 아니하니 결단코 맹세하거니와 약속한 땅에 들어가지 못하리라."(민 14:21-23)

오직 여호수아와 갈렙만이 그들의 믿음대로 젖과 꿀이 흐르는 가나안에 들어갈 수 있었다.

"하나님께서 기뻐하시면 그 땅을 우리에게 주시리니 이는 과연 젖과 꿀이 흐르는 땅이라. 그들은 장대하나 우리의 먹이라.

여호와는 우리와 함께 하시니라."(민 14:8-9)

너희보다 먼저 가시는 너희 하나님 여호와께서 너희가 걸어온 길에서 너희를 자기의 아들을 안은 것처럼 광야에서 안고 이곳까지 이르게 하였으나……(신 1:30-31).

메추라기 사건

이스라엘 자손 가운데 섞여 살던 무리들이 있었다. 그들이 먹을 것 때문에 탐욕을 품고 회중을 부추기며 또다시 불평을 했다.

"누가 우리에게 고기를 먹여 줄까? 애굽에서는 생선을 공짜로 먹고 오이와 수박과 부추와 파와 마늘이 눈에 선하고 기억이 생생한데 우리 눈에 보이는 것이라고는 이 만나밖에 없으니, 입맛이 떨어지고 기력이 다하여 힘들어 못 살겠다"고 징징 우는소리를 들으며 모세는 통탄하며 주님께 여쭈었다.

"어찌하여 주님의 종을 이렇게도 괴롭게 하십니까? 어찌하여 이 모든 백성을 저에게 짊어지우십니까? 이 백성을 내가 배기라도 했습니까? 내가 그들을 낳기라도 했습니까? 어찌하여 저더러, 그들의 조상에게 맹세하신 땅으로, 그들을 품고 가라고 하십니까? 백성은 저를 보고 울면서 '우리가 먹을 수 있는 고기를 달라'고 외치는데, 이 모든 백성에게 줄 고기를, 내가 어디서 구할 수 있습니까? 책임이 심히 중하여 나 혼자는 이 백성을 감당할 수 없습니다. 주께서 내게 은혜를 베푸사 즉시 나를 죽여 주시옵소서"(민 11:11-15).

만나는 깟씨 같고 모양은 진주 같았는데 일용할 양식으로 매일 내렸으나 메추라기는 성경에 3번 기록되어 있다. 여호와께서 모세의 기도를 들으시고 하루, 이틀, 열흘, 스무 날만이 아니라 냄새가 싫어질 때까지 한 달 열흘 먹게 하리라 하시고, 바람이 바다로부터 메추라기를 몰아 이스라엘 진영 이쪽 끝에서 저쪽 끝까지 사방 하룻길의 지면 위에(하룻길 40km, 사방 하룻길은 1,600km^3) 위에 약 1m 정도 높이로 메추라기들이 쏟아져 내렸는데 백성들이 이틀 동안 종일토록 적게 모은 자도 약 10가마 정도 잡았다. 그들이 자기를 위하여 그것을 말리려고 진영 주변 사방에 널어놓았다(현대인의 성경).

고기가 아직 치아 사이에 있어 씹히기도 전에 여호와께서 진노하사 욕심을 낸 백성을 거기 장사하였고 그곳 이름을 '탐욕의 무덤'이라 하였다.

하나님께서는 이미 규례와 법도로 기준을 정하셨으니
매일 아침, "먹. 을. 분. 량. 만. 큼. 만…"이다(출 16:21).

"오늘날 우리에게 일용할 양식을 주옵시고,"
주께서 직접 가르쳐 주신 기도이다.

작전명 : 헤렘 진멸의 전투

여리고 성 전투는 이스라엘 백성들이 여호수아의 인도로 요단강을 건너 가나안 땅에 들어와서 첫 번째 치르는 전투이다.

40년의 세월이 지나고 출애굽 1세대들이 모두 광야에서 죽고

여호수아와 갈렙의 지도로 드디어 가나안 여리고 성에 도착했다. "너희는 성안에 있는 모든 것을 남녀노소와 소와 양과 나귀를 칼날로 멸하고 그것을 온전히 바치고, 그 바친 물건에 손대지 말라."(수 6:18-21)

온전히 바침의 전쟁, "작전명 헤렘이다!"를 선포하시면 성안에 모든 생명을 진멸하라 하심이다.

만약 그것을 어길 경우에 자신이 '헤렘'이 되었다.

헤렘은(herem : 진멸하다, 분리하다) 동사에서 온 것으로

헤렘 전쟁은 군사적 전쟁이 아니라 종교적 전쟁이며 이는 하나님의 공의를 드러내는 전쟁으로 하나님이 명하신 대로 임무를 수행하고 정복 완수를 하는 것이다. 타협은 없다!!!

온갖 종류의 다신 숭배 민족들 중에서 유일하신 하나님을 믿는 백성을 향하신 보호예방법이며, 성결원칙법이고, 자기

백성을 지키시기 위한 하나님의 무한 사랑법이다.

"너희가 만일 몰아내지 아니하면 그 땅의 원주민들이 너희 눈에 가시가 되고 옆구리를 찌르고 괴롭게 할 것이라."(민 33:55)

그리고, 400년이 지난 후……

사무엘을 통해 사울 왕에게 '헤렘'을 명하셨다. "아말렉이 이스라엘이 애굽에서 나올 때 길에서 대적한 일로 그들을 벌하노니 가서 아말렉을 쳐서 그들의 모든 소유를 남기지 말고 진멸하되 남녀와 소아와 젖 먹는 아이와 우양과 낙타와 나귀를 진멸하라."(삼상 15:2-3) 젖먹이 아이까지 죽이는 것이 불행하다고 생각하는 것은 우둔한 내 감상이다. 하늘과 땅의 총사령관께서 모든 것을 진멸하라 명령하시면 내 생각과 판단은 옳지 않고 오직 순종뿐이다. 생명을 주심도, 생명을 거두어 가심도 하나님의 절대적 주권이심을 인정하는 것이다. 그러나 사울은 모든 좋은 것을 남기고 진멸하기를 즐겨 아니하니 "내가 사울을 왕으로 세운 것을 후회하노라" 하시고 그를 '헤렘' 하셨다.

사도 바울이 첫 교회를 세울 때에 아나니아 삽비라 부부의 사례도 같다.

하나님께로부터 난 자는 범죄하지 아니하나니 하나님께서 그를 지키시매 악한 자가 그를 만지지도 못하느니라(요일 5:18).

기생 라합

모세가 죽고 여호수아가 대를 이어 간다.

"강하고 담대하라, 두려워하지 말고 놀라지 마라. 네가 어디로 가든지 네 하나님 여호와가 너와 함께 하시리라. 좌로나 우로나 치우치지 말고 일어나 약속한 그 땅으로 가라."(수 1:9)

여호수아가 여리고로 두 정탐꾼을 보냈다.

그들이 가서 기생 라합의 집에 유숙하였다.

"여호와께서 이 땅을 너희에게 주신 줄 내가 아노니 홍해 물을 마르게 하신 일과 아모리 사람을 전멸시킨 일을 듣고 우리 마음이 녹았고 너희로 말미암아 정신을 잃었나니 여호와 하나님은 위로는 하늘에서도 아래로는 땅에서도 하나님이시니라."

라합은 지혜롭고 지략이 높았다.

"두 사람이 우리 집에 온 것은 사실이나 성문을 닫을 때쯤 떠났으니 어디로 간 줄 모르나 급히 뒤쫓아 가면 잡을 수 있나이다."

여리고 왕의 신하에게 말하여 돌려보내고, 지붕 밑 다락방에 숨겼던 정탐꾼을 창문으로 밧줄을 매어 달아 내리며

"뒤쫓는 사람들과 마주칠 수도 있으니 산에서 사흘을 숨어

지내도록" 조심히 당부한다. 라합의 집은 마침 여리고 성벽 위에 있었다(수 2:15). 그리고 언약의 증표를 제안한다.
- 이제 청하노니 내가 너희를 선대하였으니 너희도 나의 아버지 집을 선대하라.
- 이 창문에 붉은 밧줄을 내리고 네 부모와 형제와 가족을 네 집에 모으면 다 살리라.

라합의 지붕 밑에 숨어 있던 두 명의 정탐꾼은 여호수아에게 돌아와 보고하였다.

"그 땅의 모든 주민이 우리 앞에서 간담이 녹더이다"(수 2:24)

여호수아는 백전백승 이미 이긴 싸움을 예측할 수 있었다.

"기생 라합은 믿음으로 정탐꾼을 평안히 영접하였다."(히 11:31)
"또 이와 같이 기생 라합도 이스라엘 정찰병을 숨겼다가 안전하게 보낸 그 일로 의롭다는 인정을 받았다."(약 2:25)
성경은 왜 굳이 "기생 라합"이라 하는가?
우리는 족보와 가문을 중요하게 생각한다.
기생은 지금이나 그때나 존경받는 직업은 아니지만
가무에 능하고 시적 감수성이 있었을 터이니
라합은 아름다운 시인이었을 것 같다.
라합은 다윗의 증조모 할머니이다.
다윗의 보석 같은 시편은 할머니의 DNA였을까?

요단강 물이 언약궤 앞에서
끊어졌나니

하나님께서 출애굽 한 이스라엘을 굳이 남쪽으로 돌리셔서 모세의 지팡이로 홍해를 치게 하시어 바다가 갈라지게 하셨다.

요단강은 곡식을 거두는 시기에는 항상 언덕에 강물이 흘러넘쳤다. 여호와의 증거궤를 멘 제사장들의 발바닥이 요단 물을 밟자 흐르던 요단강 물이 끊어졌다.

"내가 어렸을 때에는 말하는 것이 어린 아이와 같고 깨닫는 것이 어린 아이와 같고 생각하는 것이 어린 아이와 같다가 장성한 사람이 되어서는 어린 아이의 일을 버렸노라"(고전 13:11)

하나님께서 우리를 훈련하시는 법도 우리가 어렸을 때와 장성한 어른이 되었을 때 다른 것 같다.

홍해는 갈라놓으시고 지나가게 하셨고,

요단강은 흐르는 물을 밟을 때 갈라지게 하신다.

내 앞을 막는 것이 홍해인가 요단강인가?

여호와께서 여호수아에게 이스라엘 자손에게 다시 할례를 행하라 하시니, 이는 애굽에서 나온 모든 백성 중 남자는 광야에서 모두 죽었기 때문이었다.

유월절 그 이튿날, 그 땅의 소산물로 무교병과 볶은 곡식을 먹었고, 그다음 날 만나가 그쳤다.
 내가 아직 어린아이인가,
 철이 난 어른인가에 따라 나를 훈련하신다.

 "요단강 물이 여호와의 언약궤 앞에서 끊어졌나니 여호와의 언약궤를 멘 제사장들은 요단 가운데 마른 땅에 굳게 서 있고 그 모든 이스라엘은 그 마른 땅으로 건너갔더라."(수 3:16-17)
 각 지파에서 한 사람씩 열둘을 택하고 그들에게 명하기를 요단 가운데 제사장들의 발이 굳게 선 그곳에서 돌 열두 개를 택하여 어깨에 메고 길갈에 세워 요단을 건너가게 하심을 기억하고 기념하게 하셨다.

 오늘 우리는 하나님을 얼마나 신뢰하고 있는가?
 믿음은 은총이다. 두려움을 이기게 하는 기적을 알게 하신다.
 베풀어 주시는 많은 은총을 통하여 믿음이 자라가게 하시고 스스로 세워지기를 원하신다.

 우리는 길갈의 기념 돌이다.

여리고 함락
― 여호수아 5장 13절―6장 27절

여리고 성 전투는 하나님께서 직접 최고사령관이 되셔서 전투를 구체적으로 지시하셨다. 제사장 일곱이 양각 나팔 일곱을 잡고 나팔을 들고 여호와의 궤 앞에서 나아가고 모든 군사는 여호와의 궤 뒤에서 호위하며 행진하여 성 주위를 매일 한 번씩 엿새 동안 행진하라. 첫째 날 백성들은 소리 내지 말고 조용히 여리고 성을 돌아 진영으로 돌아오되 엿새 동안 이같이 행하라. 일곱째 날은 새벽 일찍 일어나 그 성을 일곱 번 돌 것이며 일곱 번째 돌 때 제사장들이 나팔을 불고 온 백성들은 모두 다 힘껏 큰 소리를 지를 것을 명하셨다.

여리고 성은 언덕 위에 있었다. 고고학자들의 추정에 의하면* 거대한 돌로 된 옹벽의 높이는 약 5m였고 그 위에 2m 너비의 진흙 벽돌을 쌓아 7m 높이의 외벽을 쌓았으며 성의 내벽의 높이는 14m였다. 내벽 안쪽의 도시 면적은 약 7,000평 정도이고, 안쪽 도시와 요새화된 성벽들이 차지하는 면적을 다 합하면 전체 면적 약 11,000평 정도로 크지 않지만 견고한 성이었다.

내벽 안쪽의 도시 면적은 약 6에이커(환산하면 약 200m×120m) 정도이지만, 안쪽 도시와 요새화된 성벽들이 차지하는 면적들을 다 합하면, 전체 면적은 50%가 더 넓어져서 약 9에이커 정도가 된다. 고고학자들이 추정하는 에이커 당 200명을 기준으로 하면, 상부 도시의 인구는 대략 1,200명 정도였을 것이다. 그러나,

여리고 성의 거민들은 이스라엘 백성들의 포위에 대해 잘 대비하고 있었다. 버틸 수 있었을 것이었다.

여리고 성내 성벽 안쪽에는 충분한 물을 공급할 수 있는 샘이 있었다. 공격 시점은 수확이 막 끝난 시기였으므로(수 3:15) 그들은 충분한 식량도 준비하고 있었다.

금세기 초 독일 팀의 발굴 결과에 의하면, 사람들이 외벽과 내벽 사이의 제방에서도 살았고, 가나안인들의 집 창고에 곡식이 가득 찬 항아리들을 발견하였다고 한다.

여리고 성은 난공불락이었고 요새를 점령하는 것은 불가능한 것 같았다. 그러나 여리고 성내 사람들은 이미 알고 있었다.

"하늘 위로나 땅 위로나 오직 여호와만이 하나님이심을 믿고 두려워하였다."(수 2:11)

라합(Rahab)은 지붕에 올라가서 정탐꾼들에게 고백하였다. "여호와께서 이 땅을 너희에게 주신 줄 우리가 아노라. 우리가 심히 두려워하여 온 땅의 주민들이 다 간담이 녹았고, 정

신을 잃었나니……."(수 2:8-9)

성경에 따르면, 라합의 집은 요새화된 성벽의 일부분으로 되어 있었다(수 2:15). 만일 성벽이 무너졌다면, 라합의 집은 어떻게 남아 있을 수 있었을까? 알다시피 정탐꾼들은 라합에게 그녀의 가족들을 그녀의 집 안으로 대피시키면 구해 주겠다고 약속했다. 이스라엘 백성들이 도시를 점령했을 때, 약속대로 라합과 그녀의 가족들은 구조되었다(수 2:12-21; 6:17, 22-23).

성벽을 사이에 두고 일주일 동안 이스라엘 온 백성은 열세 바퀴를 소리 내지 않고 묵묵히 돌았으며 열네 번째 돌 때 제사장들의 나팔 소리에 맞춰 백성들이 한마음이 되어 큰소리로 함성을 지르자 여리고 성벽은 단번에 순식간에 무너져 내려 앉았다.

성경의 기록에 의하면, 7일째에 성 주위를 일곱 번 돌고 난 후에, "성벽이 무너져 내린지라(fell down flat)"로 기록되어 있다(수 6:20). 여기서 히브리어의 의미는 성벽이 "성벽 아래로 무너졌다(fell beneath itself)"는 뜻을 가지고 있다. 여리고에 그러한 사건이 일어났었다는 증거가 있는가?

1868년 여리고 성 발굴이 시작된 이후 많은 고고학자들은 여리고 성이 순식간에 무너져 내렸다는 것을 입증했다. 기록이 사실임을 확인했다. 이스라엘 백성에 의해 파괴된 성의 동편 일부분이 발굴되었다. 고고학자들은 어디에서든 발굴이 일정 깊이에 도달하면 1m(3feet) 정도 두께의 재와 불에 탄 잔해들을 발견하였다. 케년은 이 철처한 파괴를 다음과 같이 기술했다.

"파괴는 철저했다. 벽과 바닥(floors)들은 화재로 인해 검거나 붉게 타 있었고, 방마다 쏟아진 벽돌, 목재들, 가재 집기들로 가득 차 있었다. 대부분의 방에 떨어져 있는 파손된 잔해들은 심하게 불탔지만 동쪽 방들의 벽들은 화재의 영향을 받기 전에 붕괴되었던 것처럼 보인다."

케년의 조사는 가장 상세한 것이었다. 성이 있던 구릉의 서쪽 부분에서 그녀는, 외벽의 거의 꼭대기에 쌓여 있었던 붉은 진흙 벽돌들이 외벽의 기저부에 떨어져서 쌓여 있는 것을 발견했다. 이것은 아마도 제방의 정상부 또는 외벽 위쪽의 진흙 벽돌들이 무너져 내림으로써 쌓이게 된 것으로 추정된다. 1997년에 성이 있던 구릉의 남쪽 끝에서 발굴 작업을 한 이탈리아 팀도 정확하게 같은 것을 발견했다.

가스탕과 케년은 둘 다 불에 의해서 파괴된 곡물로 가득한(full of grain) 많은 저장 항아리들(storage jars)을 발견했다. 이것은 고고학적 기록에서 매우 특별한 발견이다. 곡물은 단지 식품의 근원일 뿐만 아니라, 다른 상품으로 교환하기 위한 수단으로서의 가치도 있었다. 정상적인 상황에서는, 곡물과 같은 귀중품은 정복자에 의해 약탈되는 법이다. 여리고에서는 왜 곡물이 그대로 남겨져 있는가? 그 해답은 성경에 있다. 여호수아는 이스라엘 백성들에게 성읍과 그 안의 모든 것들을 여호와께 바치라고 명령했다(수 6:17).

여리고의 모든 것을 불로 태우고 금과 은, 동철 기구는 여호와의 집 곳간에 두었다(수 6:24).

* 참고문헌 : 존 가스통(1930년대), 캐슬린 케년(1952~1958) 발굴 조사 자료 인용. (1908~1910, 1930~1936, 1952, 3차례 진행)

아골 골짜기로 소망의 문을 여시고

여리고에서 대승한 군대가 아이성에서 굴욕적인 패배를 하였다.

여호수아는 아침 일찍이 이스라엘 온 족속을 모으고 지파대로 제비를 뽑았더니 갈미의 아들 아간이 뽑히었다.

하나님께 온전히 바친 물건 중에서 아간이 훔친 것은 "시날 산의 아름다운 외투 한 벌과 은 200세겔, 금 50세겔이었다."(수 7:21)

금 50세겔은 약 575g이고, 은 200세겔은 약 2,300g이다. (1세겔은 11.5g : 3돈 가량)

현 시세로 환산한다면 금과 은 합해서 약 5천만 원 정도였고, 시날 산의 아름다운 외투 한 벌을 오늘날 최고 명품 가격으로 환산하여 다 합하면 얼마나 되었을까?

큰 잘못은 큰 소리로 눈물 콧물 흘리며 회개하지만 티끌 같은 작은 죄는 스스로 눈을 감아 버린다.

알고 지은 죄, 모르고 지은 죄라고 회개하기도 하지만 모를 리 없는데 "별거 아니잖아" 숨겨 버린다.

"온전히 바친 물건을 가진 자로 뽑힌 자를 불사르되 그와

그의 모든 소유를 그리하라"(수 7:15)

여호와의 진노하심이 맹렬하였다.

얼마를 훔쳤는가가 아니고 누구의 것을 훔쳤는가이다.

'여호와의 집 곳간'에서 하나님의 것을 훔친 것이다.

"온 이스라엘이 그를 돌로 치고 물건들을 불사르고 그 위에 돌무더기를 쌓았으니 오늘까지 있더라. 여호와께서 그의 맹렬한 진노를 그치시니 그곳 이름을 아골 골짜기라 불렀다." (수 7:25-26)

이스라엘 백성들은 아간과 그의 가족들의 죽음을 지켜보면서 자신 속에 있는 티끌 같은 죄들도 기억하며 새로운 다짐을 하는 시간이 되었으리라.

큰 돌덩이는 물속에 쉽게 가라앉는다.

작은 모래알도 가라앉는다. 작든 크든 죄의 속성은 같다.

물에 넣으면 모두 가라앉는다.

아간, 이름의 뜻은 '고통'인데 그 이름에 유래하여 그곳을 아골 골짜기, '괴로움의 골짜기'라 하였다.

그러나 사랑의 선지자 호세아에게 말씀하셨다.

"거기서 비로소 그의 포도원을 그에게 주고 아골 골짜기로 소망의 문을 삼아 주리니"(호 2:15)

회개하는 마음에 소망의 문을 열어 주시고, 주께서 찾아오신다.

"오라 우리가 서로 변론하자 너희 죄가 주홍 같을지라도

눈과 같이 희어질 것이요 진홍 같이 붉을지라도 양털 같이 희게 되리라"(사 1:18)

넘어진 그곳에서 소망을 갖게 하신다.

태양이 머물고 달이 멈추었다
– 여호수아 10장 13절

성경에서 해가 머물고 달이 멈추었던 사건이 두 번 있었다.
"여호와께서 사람의 목소리를 들으신 이같은 날은 전에도 없었고 후에도 없었나니"(수 10:14)
해를 만드신 분이 해를 머물게도 하신다.

여호와께서 아모리 사람을 이스라엘에게 넘겨주시던 날, 태양이 중천에 머물러서 종일토록 내려가지 아니하였다.
여호와께서 친히 이스라엘을 위하여 싸우셨음이라(수 10:13-14).

히스기야 왕에게 병 나음의 징표로 아하스의 해시계*에서 해 그림자를 십 도 뒤로 물러나게 하시고 그의 수명을 15년 더 연장해 주셨다(왕하 20:8-11; 사 38:8).

해와 달과 별을 말씀으로 창조하신 하나님께서는 당신이 창조하신 자연의 법칙대로 온 우주 만물이 다스려지기를 원하신다.

예수님께서도 나병 환자를 고쳐 주시고 "엄히 경고하사 삼가 아무에게도 말하지 말라"(막 1:41-45) 이르심은 이 땅에 오신 구속의 사역이 기적 행하심으로 가려지는 것을 경고하심이라.

변화산상에서 모세와 엘리아와 함께 얼굴이 해같이 빛나심을 본 제자들에게 "인자가 죽은 자 가운데서 살아나기 전에는 본 것을 아무에게도 이르지 말라"(마 17:9)고 명하셨다.

아침에 해가 뜨고 저녁에 달이 뜬다.
우주의 모든 별들도 정해진 궤도로 운행한다.
창조의 위대한 신비는 이적이나 다른 기적이 필요하지 않다.
단지 우리 믿음의 도전을 위하여
하나님께서 때로 기적과 이적을 행하시기도 하신다.

* 아하스의 해시계 : 아하스는 히스기야의 부왕으로 앗수르의 해시계를 예루살렘으로 가져온 것으로 보인다. 성전을 오르는 계단에 놓고 해 그림자의 각도에 따라 시간을 구별하였다.

나와 내 집은 여호와를 섬기겠노라

"오늘 택하라 오직 나와 내 집은 여호와를 섬기겠노라"(수 24:15)

가나안 정복 후 여호수아는 고별 설교를 한 후 이스라엘에게 결단할 것을 요구한다.
- 거룩한 여호와 하나님은 질투하시는 하나님이시니 이제 정하라.
- 우리가 결단코 여호와를 섬기리니 그는 우리 하나님이십니다.
- 너희가 여호와를 택하였고 스스로 증인이 되었나니 너희의 마음을 여호와 하나님께로 향하라(수 24:22-23).

자신이 먼저 모범적으로 하나님을 섬기며, 그의 백성들로 하여금 하나님만을 섬기도록 강권하였다.

신앙은 반드시 스스로 결단할 때가 온다.
화가의 꿈을 품고 1931~1935년 동경미술학교에 유학하시던 큰 아버님은 일본 하숙집 주인의 전도로 예수님을 믿게 되셨다.

귀국 후 이성봉 목사님의 설교로 중생을 체험하시고 1940년 경성신학교를 마치시고 이성봉 목사님과 함께 만주 심양 북릉교회를 개척하시던 중, 1945년 해방이 되었다. 중국 공산화 정세에서 미국의 주선으로 귀국선을 지정받았다. 이성봉 목사님의 권면에도 자신의 배편을 양보한 교인 편에 서신을 보내셨다.

"만주는 공산 치하에서 지납니다. 교회마다 2~3인 남아서 예배를 보는데 목자가 없으니 제가 바랭이 걸머지고 전 만주 각 교회를 순회 목양합니다. 개인의 편리와 안일을 위해 이리 저리 좌우하는 것은 인생의 가치가 없습니다. 의무와 사명과 책임을 위하여 죽음의 문이라도 돌파하는 것이 주의 종 된 자의 최고의 영광이라고 생각합니다."

"정운학 목사는 13년간 우리 집에 함께 동거하면서 한국과 만주에서 같이 전도한 신앙의 동지였다. 그 후로 소식 두절이다. 진충을 잃어버린 기독도 모양으로 외롭기 짝이 없다."

(이성봉 목사 자서전 『말로 못하면 죽음으로』 216p 中)

형님이신 정운학 목사의 단호한 신앙의 결단을 전해 듣고 그 뜻을 이어 가시겠다고 정운상 목사님,
나의 아버님은 1949년 신학을 하시게 되었다.

대나무는 고난을 견디고 마디를 만들어 폭풍을 이겨 낸다.

제3부
겟세마네

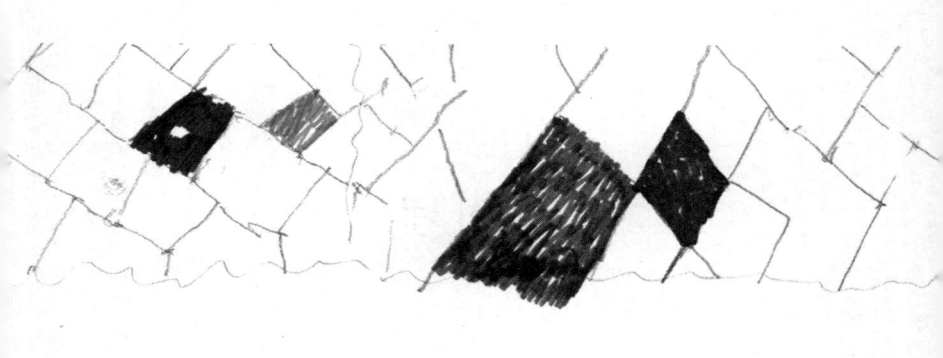

요한, '선포의 복음'
– 요한복음 1장 1-18절

    신약은 예수님의 생애를 기록한 마태, 마가, 누가, 요한의 기쁜 소식, 복음서로 시작한다.

    요한복음은 예루살렘이 함락된 AD 70년 이후 20여 년이 지나 복음서 중 가장 늦게 요한과 그의 공동체에서 기록하였다.

    갈릴리에서 자신의 배를 소유하고 종들도 있었던 부유한 어부 세베대의 두 아들 야고보와 요한은 대사제와도 잘 아는 사이여서 예수님 재판 중에 사제의 저택 안뜰까지 들어갈 수 있었다. 두 형제는 성격이 불같아서 예수님께서 보아너게, 곧 우레의 아들이라고 별명을 주셨는데 형 야고보는 기독교 최초의 순교자가 되었다. 그의 어머니 살로메는 예수님 어머니 마리아와 자매였던 것 같다. 예수께서 왕이 되시면 두 아들을 좌·우 정승이 되게 해 달라고 요청하였다.

    제자들은 모두 다 도망갔고, 요한만은 골고다 십자가 밑에 있었다. 예수님께서 어머니 마리아 모실 것을 요한에게 부탁하셨으나, 실은 천방지축 번개돌이 요한을 마리아에게 부탁하셨음이라.

    불같은 요한은 밧모 섬에 유배되어 사랑의 사도가 되었다.

요한 1, 2, 3서와 요한계시록을 기록하고 사도 중 유일하게 순교하지 않고 에베소에서 와석종신하였다고 전해진다.

요한복음서는 전기 형식의 다른 복음서와는 달리 예수가 전한 궁극의 계명인 '사랑'을 가장 심도 있게 집필한 복음이기에, 새 중에 가장 높이 나는 독수리로 상징된다.

요한복음은 첫 줄부터 확신함으로 선포한다.
- 태초에 말씀이 있었다(요 1:1).
- 이 말씀이 곧 하나님이시다(요 1:1).
- 태초에 하나님과 함께 계셨다(요 1:2).
- 만물이 그로 말미암아 지어짐을 받았다(요 1:3).
- 그 안에 생명이 있다(요 1:4).
- 이 생명은 사람들의 빛이다(요 1:4).
- 영접하는 자에게 권세를 주신다(요 1:12).
- 말씀이 육신이 되었다(요 1:14).
- 그는 독생하신 하나님이시다(요 1:18).

믿음은 신념이고 확신이다.
믿는 대로 이루어지는 신비한 능력이 있다.

태초에…
– 창세기 1장 1절; 요한복음 1장 1절; 에베소서 1장 4절

"태초에 하나님이 말씀으로 천지를 창조하셨다"(창 1:1)고 창세기는 시작한다. 어느 날 아브람에게 하나님께서 찾아오셨다. "네 아비 집을 떠나라. 너로 하늘의 별, 바다의 모래같이 큰 민족을 이루게 하리라." 말씀에 순종한 아브라함은 믿음의 조상이 되었다. 범죄한 아담을 찾아오셨고 많은 민족 중에서 이스라엘을 선택하셨으며, 그중에서도 선지자와 제사장에게만 말씀하셨다.

이스라엘 역사 속에 직접 주관하신 성부 하나님의 시대였다.

신약의 요한복음은 "태초에 말씀이 계시니라"(요 1:1)라고 시작한다.

유대 땅 베들레헴에 육신을 입고 이 땅에 오신 성자 하나님을 당시 갈릴리에 살았던 사람들은 누구든지 직접 눈으로 뵐 수 있었고 만날 수 있었다. 우리를 향하신 창조주 하나님의 완전 책임, 무한 사랑이 되셔서 인류의 대속을 이루신 성자 하나님의 세계였다.

바울은 "창세 전 세상이 창조되기 전에 그리스도 안에서 우리를 택하사 그 기쁘신 뜻대로 우리를 예정하사 예수 그리스도로 말미암아 자기의 아들이 되게 하셨다"(엡 1:4-5)고 기록한다.

우리를 택하셔서 아들 삼아 주신 성령 하나님과 나와의 관계가 시작된 카이로스*의 시간이다.

"우리가 우리의 형상을 따라 우리의 모양대로 사람을 만들자."(창 1:26) 태초의 창조 계획 속에 우리는 이미 예정되었으며 우리는 존재하였다.

구약은 성부 하나님께서 특별히 택하신 사람하고만 말씀하셨다. 마치 예전에 전화하려면 우체국에 가서 교환원에게 신청하고 기다려야 통화를 할 수 있었음과 같다.

신약은 성자 하나님께서 이 땅에 오심으로 믿음이라는 유선전화가 있는 사람은 누구나 하나님과 통화할 수 있다.

오순절 이후 성령 하나님께서 우리 곁에 오신 후, 우리는 이제 언제 어디서나 성삼위 하나님께 통화할 수 있는 각자의 핸드폰을 가지고 우리의 모든 것을 직접 아뢸 수 있게 되었다.

우리는 성삼위 하나님을 닮았다.

---

* 자연스럽게 흘러가는 일상적, 객관적 시간을 '크로노스(Chronos)'라 하고 특별한 의미가 부여된 주관적 시간을 '카이로스(Kairos)'라 한다.

주께서 사랑하시는 그 제자

요한복음은 당시 세계 공통어인 헬라어로 집필되었다.
복음서의 저자로 알려진 요한은 자신의 이름을 밝힌 바 없이 오직 '주께서 사랑하시는 그 제자'로 다섯 번 기록하였다.

- 첫 번째는 최후의 만찬에서(요 13:23)

예수의 제자 중 하나 곧 "그가 사랑하시는 자가 예수 품에 의지하여 기대어 누웠는지라." 유대인들의 식사 자세는 왼팔에 상체를 기대고 옆으로 비스듬히 누워서 먹는다(마 8:11; 눅 7:38; 요 13:35).

- 두 번째는(막 14:50; 요 19:26)

제자들이 다 도망갔으나 예수께서 자기의 어머니와 '사랑하시는 제자'가 곁에 서 있는 것을 보시고 어머니께 보소서 아들이니이다 하시니……. 예수님께는 친형제 야고보, 요셉, 시몬, 유다와 누이들이 있었다(마 13:55).

형제 야고보는 초대교회 지도자가 되었고 야고보서를 기록했다.

세습적으로 이들이 어머니를 모시는 것이 당연하였으나 사랑하시는 제자 요한에게 마리아를 부탁하셨다.

그때, 그날, 그 시간부터, 사랑하는 그 제자가 자기 집에 모시니라.

- 셋째로 안식 후 첫날 빈 무덤에(요 20:1)

베드로와 '예수께서 사랑하시던 제자'가 무덤으로 갈 새 둘이 같이 달음질하더니 다른 제자가 베드로보다 더 빨리 달려갔다.

- 넷째로 디베랴 호수에서(요 21:7)

물고기나 잡으러 가겠다는 베드로를 따라 디베랴 호수에서 밤이 새도록 한 마리도 못 잡았을 때 '예수께서 사랑하시는 그 제자'가 찾아오신 주님을 제일 먼저 알아보고 이르되 주님이시라.

- 다섯 번째로 베드로의 죽음을 예언하실 때(요 21:20)

베드로가 돌이켜 '예수께서 사랑하시는 그 제자', 만찬석에서 예수의 품에 의지하였던 그 제자를 보고 이 사람은 어떻게 되겠사옵니까 물었다. 그러자 주께서 내가 올 때까지 그를 머물게 하더라도 네게 무슨 상관 있느냐 하셨다.

골고다 이후 요한은 순교도 못 하고 항상 마리아를 모시고 다녔으며 요한과 마리아의 무덤은 에베소에 있다고 한다.

이 모든 일을 증언하고 이 일들을 기록한 '예수께서 사랑하시는 그 제자'가 이 사람이라. 우리는 그의 증언이 참된 줄 아노라(요 21:24).

예수께서 사랑하시던 그. 제. 자. (   )
괄호 안에 나의 이름 적어 본다.

광야의 소리
— 요한복음 1장 6-34절

"외치는 자의 소리여 이르되 너희는 광야에서 여호와의 길을 예비하라 사막에서 우리 하나님의 대로를 평탄하게 하라" (사 40:3-4)

이스라엘은 바다 같은 호수 갈릴리를 벗어나면 국토 대부분이 광야이다. 풀 한 포기 보이지 않는 황량한 흙더미 절벽뿐이다.

우리나라 산야는 흙이 있는 곳이면 어디나 잡초가 터를 잡는다. 농가에서는 봄이 오면 잡초와의 전쟁부터 시작한다. 돌아서면 어느새 한 뼘씩 자라나니 산은 언제나 초록색 푸르름이다.

그러나 유대 광야는 잡초 한 뿌리도 없다. 우기 때가 되면 가파른 산길 절벽길 따라 파란 잎 한 줄 겨우 꼬불 꼬불거린다.

낮의 해를 가려 줄 나무 한 그루 없다. 온통 붉은 흙덩이 벌거숭이산들이 겹겹이 쌓여 있는 곳에 생수 같은 한줄기 요단강이 흐른다.

"하나님께서 보내심을 받은 사람이 있으니 그의 이름은 세례 요한이라. 그는 빛에 대하여 증언하러 온 자라."(요 1:6-8)

요한은 세례 요한의 제자이었으나 "세상 죄를 지고 가는 하나님의 어린양을 보라"는 세례 요한의 증거를 듣고 예수님의 제자가 되어 형인 야고보와 수제자 베드로와 함께 초대교회 세 기둥이 되었다.

세례 요한이 물로 세례를 주던 강줄기를 따라 내려가면 이 지구상에서 가장 낮은 곳 사해가 있다. 죽음의 바다라는 뜻의 사해(死海)는 이름만 들었을 때 왠지 지저분하고 욕심 많은 시꺼먼 색 바다를 떠올리게 하였다. 그러나 실재 사해 바다는 상상 이상으로 아름답다. 에메랄드 푸른색 가득하고 두 팔 벌리고 누우면 두둥실 떠오른다.
해수면보다 400m 밑에 있으니 더 이상 내려갈 곳이 없다.
바로 이곳을 하나님께서 약속의 땅으로 정해 주셨다.
출애굽 한 이스라엘이 선택된 민족으로 40년 빚어지는 곳이 이곳 광야이다. 광야는 히브리 말로 '미드바르'라 하는데 '말씀하시는 곳'이라는 의미가 있다. 구름기둥, 불기둥으로 앞장서 주시고 일용할 양식을 주시며 하나님께서 친히 말씀하시며 날마다 동행해 주시는 곳이 광야이다.
다윗이 사울 왕을 피하여 숨은 엔게디 굴도 유대 광야이고 이곳에서 목자이신 여호와를 찬양하며 사망의 음침한 골짜기를 지났다.
주께서 40일 금식하신 곳, 그 또한 이곳이다.

광야는 훈련의 장이다.

그러나 결코 우리를 홀로 두지 않으신다.

"골짜기마다 돋우어지며 산마다, 언덕마다 낮아지며 고르지 아니한 곳이 평탄하게 되며 험한 곳이 평지가 될 것이요 여호와의 영광이 나타나고 모든 육체가 그것을 함께 보리라 이는 여호와의 입이 말씀하셨느니라"(사 40:4-5)

우리가 메시아를 만났다
– 요한복음 1장 41절

세례 요한을 따르는 두 제자가 있었다.

"세상 죄를 지고 가는 어린 양이로다. 나도 그를 알지 못하였으나 그가 성령으로 세례를 베풀 하나님의 아들이심을 성령께서 알려 주셨다."(요 1:33-34) 세례 요한의 확신 있는 증언을 듣고 두 제자는 예수님의 첫 번째 제자가 되었다.

예수님의 첫 질문 "너희가 무엇을 구하느냐?"

두 제자가 이르되 "선생님 어디 계시나이까?"

예수님의 대답, "와서 보라!"

그들이 예수님 거하시는 곳에 아침에 가서 하루 종일 말씀을 들었는데 "때가 열 시쯤 되었더라." 지금 시간으로 오후 4시경이었다. 두 제자 중 한 사람인 안드레는 즉시 베드로에게 달려갔다.

"형! 우리가 메시아를 만났어-!"

베드로는 안드레를 따라나섰고 예수님은 첫 만남에서 말씀하셨다. "네가 요한의 아들 시몬이구나. 장차 게바라 하리라. 번역하면 베드로(반석)라."

두 제자 중 한 제자는 언제나 자신의 이름을 말하지 않고 '주께서 사랑하시는 그 제자'라고 말하는 요한복음의 저자

요한이다.

메시아(Messiah)는 히브리어로 제사장이나 왕으로 즉위하기 위해 기름 부음을 받은 자(출 30:30; 삼상 16:13)이며, 선지자들에 의해 약속된 장차 오실 왕(사 9:6-7)이시며, 구약의 약속을 이루실 구원자(미 5:2)이시다.

전 세계로 흩어진 유대인 디아스포라를 위하여(우리도 해외 교포 자녀들이 현지 지역 언어를 생활화함으로 모국어를 잊게 되는 것처럼), 히브리어를 잊어 가게 되자 BC 300년, 히브리어 구약성경을 당시 세계 공통어인 헬라어로 번역하기 시작하여 BC 132년경에 오늘날 사용되는 구약성서가 모두 번역되었다고 한다.

우리 예수님도 이 성경을 보셨고 인용하셨다.

이 과정에서 히브리어 '메시아'는 대부분 헬라어 '그리스도'로 번역되었는데 오직 요한복음 두 곳에서(요 1:41; 4:25) 히브리 원어 그대로 기록되었다.

"우리가 메시아를 만났다-!!!"

와서 보라
- 요한복음 1장 39절

  우리는 보는 것으로 체험을 확신한다.
  바라본다, 맡아 본다, 먹어 본다, 들어 본다, 느껴 본다.
  눈으로 직접 보는 것이 최고의 학습으로 오감 뒤에 '본다'를 넣어 확실히 알게 된다.
  예수님의 첫 번째 제자가 된 안드레와 요한에게 예수님의 첫 수업 제목은 〈와서 보아라!〉이다.
  안드레와 요한은 예수님 계신 곳을 가서 보았고 함께 거하며 메시아이심을 알아보았고 믿었다. 그리고 곧바로 베드로를 예수님께 데리고 왔다.
  이튿날 예수께서 빌립을 만나 나를 따르라 하시고 제자 삼으셨으며 빌립은 즉시 나다나엘을 찾아가 모세가 율법에 기록하였고 여러 선지자가 기록한 바로 그 사람 메시아를 만났으니
  "와서 보라!"고 전했다. 예수님의 교육 방법이다.

  우리나라에서도 존경하는 스승께 배우고 그의 제자가 되려면 그의 문하생이 되어 함께 기거하며 정신과 기술을 연마 전수하는 것이다.

나사렛에 무슨 선한 것이 날 수 있겠느냐고 반문하는 나다나엘에게 예수님께서 이렇게 반문하셨다.

"네가 무화과나무 아래 있을 때 내가 너를 보았다."

나다나엘은 무화과나무 아래서 도대체 무엇을 하고 있었을까-?

즉각적인 그의 대답 속에 그의 고백이 들어 있다.

"당신은 하나님의 아들이시오, 이스라엘의 임금이십니다."

아마도 무화과나무 아래에서 약속하신 구세주 메시아가 오시기를 진심으로 간절히 기도하고 있었으리라.

그리고 그는 주님으로부터 최고의 칭찬을 들었다.

"보라, 이는 참으로 이스라엘 사람이라. 그 속에 간사한 것이 없도다."

백 번 듣는 것보다 한 번 보는 것이 더 정확하다.

우리의 몸을 값으로 환산하여 만 냥이라 한다면 그중에 눈은 구천 냥이라는 속담이 있다.

눈은 마음의 창이다.

와서 보라-! 그리고 확신을 가지고 결단하라.

요한이 전한 기쁜 소식

역사는 기원전과 기원후로 나누인다.

기원전 BC(Before Christ)는 예수님 이전 시대이고, 기원후 AD(Anno Doimini, in the year of our LORD)는 예수님이 오신 후부터 연대가 시작된다.

지금 우리는 기독교인이나 비기독교인이나 모두 예수님이 땅에 오신 지 2022년이 되었다고 말한다.

역사의 기점이 예수님이시고,

역사(History)는 바로 그의 이야기, 예수님의 이야기이다.

AD 500년경 라틴어가 세계어이었을 때 '주님의 해'라는 의미인 AD로 표기되어 11세기 무렵 유럽 전역이 사용하게 되었고 본격적으로 사용되기 시작한 것은 17세기부터이다. 우리나라는 1962년 1월 1일부터 서기력을 사용하여 이에 2333을 더하면 단기력이다. 올해는 단기 4355년이다.

요한은 네 복음서 중 가장 늦게 기록되었다(AD 98년경).

골고다 이후 사도 요한은 마리아를 모시고 다녀야 했으므로 제자들 중에 유일하게 순교하지 않고 에베소에서 자연사하였다고 전해진다.

마태, 마가, 누가복음은 예수님의 사역을 중심으로 기록하였는데 요한은 예수님은 누구신가에 대해 주께서 사랑하시는 그 제자의 눈으로 가장 곁에서 정확하고 확실하게 전하고 있다.

예수님은 영원부터 하나님과 함께 계신 분이시며, 그가 곧 하나님이시며, 세상의 빛으로, 생명의 떡으로, 부활하심으로 영원한 생명이 되셔서 우리의 구원자 되심을 분명하고 확고하게 기록하고 있다. 그가 전한 기쁜 소식은

"하나님이 세상을 이처럼 사랑하사 독생자를 주셨으니 이는 그를 믿는 자마다 멸망하지 않고 영생을 얻게 하려 하심이라"(요 3:16)

"오직 이것을 기록함은 너희로 예수께서 하나님의 아들 그리스도이심을 믿게 하려 함이요 또 너희로 믿고 그 이름을 힘입어 생명을 얻게 하려 함이니라"(요 20:31)

주님의 해는 오늘도 계속되고 있다.

이제 우리가 믿는 것은
— 요한복음 4장 42절

유다에서 갈릴리로 가는 길에 사마리아가 있다.

BC 722년 북 왕국 이스라엘은 앗시리아에 의해 멸망하고 그곳에 이주해 온 이방인들과의 혼혈로 사마리아가 되었다.

유대인들은 사마리아인과 상종하기 싫어해서 직선거리로 가지 않고 돌아서 갈릴리로 가곤 했다.

예수님은 투덜거리는 제자들에게 사마리아를 통과하여 가자 하시고 야곱의 우물가에 앉으셨는데 때가 여섯 시쯤, 지금 시간으로 낮 열두 시였다.

한 여인이 물을 길으러 왔다.

"나에게 물을 좀 주시겠어요?"

"당신은 유대인 같은데 어떻게 사마리아 사람 나에게 물을 달라 하시나요?"

여인은 이미 야곱의 우물에 대한 내력도, 영원한 생수에 대한 의미도 잘 알고 있는 것 같다. 말씀을 풀어 주시는 예수님께서 선지자 같다는 생각이 들자 곧 여인의 질문이 시작되었다.

"나는 예배를 드리고 싶어요, 우리 조상들은 이 산(그리심 산)에서 예배를 드려 왔는데 당신들은 예루살렘에서만 드려야 한다고 하니 어디서 예배를 드리면 되는지 알려 주세요."

남편 다섯의 상처가 있었으나 그녀의 마음 깊은 곳에 예배에 대한 갈망이 있었음이라…….

"하나님은 영이시니 예배하는 자가 영과 진리로 예배드리면 된다." "네, 저도 잘 알고 있어요. 메시아, 곧 그리스도라 하는 이가 오실 줄을 내가 알고 (믿나니) 그가 오시면 모든 것을 우리에게 알려 주실 것입니다."

"네게 말하는 내가 그라!" 여인은 즉시 물동이를 버려두고 동네로 달려가서 사람들에게 소리쳤다.

"내가 행한 모든 일을 내게 말한 사람을 와서 보아라. 이 분이 그리스도 메시아이십니다."

동네 사람들이 여인의 증언을 듣고 예수를 믿었다.

"그들이 자기들과 함께 유하시기를 청하매 거기서 이틀을 유하시매 믿는 자가 더욱 많아 이제 우리가 믿는 것은 우리가 친히 듣고 그가 참으로 세상의 구주신 줄 앎이라 하였다."(요 4:42)

성령으로 거듭나야 하리니
– 요한복음 3장 3-5절

가나 혼인 잔치에서 물로 포도주 되게 하신 표적을 보고 니고데모는 예수님과 대화를 나누고 싶어 일부러 늦은 밤에 찾아온 것 같다. 그의 첫 질문은 마치 신앙고백처럼 들린다.

"선생님, 당신은 하나님께로부터 오셨음을 압니다. 하나님께서 함께하지 않으신다면 이런 표적을 행하실 수 없기 때문입니다."

"네게 이르노니 거듭나지 않으면 하나님 나라를 볼 수 없느니라." 예수님은 거듭남에 대해 자세하게 설명해 주셨다.

"육으로 난 것은 육이요, 영으로 난 것은 영이니… 바람이 어디서 와서 어디로 가는지 알지 못하지만, 그 소리를 들어 아는 것같이 성령으로 거듭나야 한다. 하나님이 그 아들을 세상에 보내신 것은 세상을 심판하려 하심이 아니요 누구든지 이를 믿고 멸망하지 않고 구원을 얻게 하려 하심이라."

그 후 대제사장들과의 율법 논쟁에서 니고데모의 증언이다.

"우리 율법은 사람의 말을 듣고 그 행한 것을 알기 전에 심판할 수 없다"고 항변한다(요 7:51).

니고데모는 산헤드린 공회원이며 유대 사회 지도자로 요한복음에만 세 번 기록되고 있다. 예수님께서 십자가에서 돌아가신 후 몰약과 침향을 백 리트라쯤 가지고 와서 아리마대 요셉과 함께 예수님을 장사 지냈다(요 19:39).

당시 유대인들은 유일하신 창조주 하나님만을 알고 섬겼고, 육신을 입고 이 땅에 오신 하나님의 아들 예수님에 대해 알지 못했다. 더구나 보혜사 성령님의 은혜에 대해 아는 바 없음이었다.

지금 우리는 삼위일체 하나님을 믿는다.

하나님의 본질은 한 분이시나 세 분으로 존재한다는 기독교 가장 중요한 신앙고백인데 AD 325년 제1차 니케아 공의회에서 확립되었다.

거듭난다는 것은 믿는 것이다.

예수님은 하나님의 본체이셨으나 우리의 죄를 위하여 사망의 값을 치러 주기 위해 이 땅에 오셨으며 이를 알고 믿게 하는 것은 성령님의 은총임을 고백하는 것이다.

거듭남은 하나님과의 시간, 카이로스다.

요한의 육하원칙(六河原則)

요한은 세례 요한의 증언으로 그의 복음서를 시작한다.

"이런 일이 있은 지 사흘째 되던 날 갈릴리 가나에 혼인 잔치가 있었다."(요 2:1)

'이런 일'이란 세례 요한이 예수님을 하나님의 아들 그리스도이심으로 선언하던 그날이다.

'사흘째 되던 날'을 되짚어 돌아보면

"그 이튿날, 세례 요한의 제자였던 요한과 안드레가 예수님의 제자가 되었고, 시몬에게 반석의 의미로 베드로라는 별명을 붙여 주셨으며, 그 이튿날 빌립과 나다나엘을 제자 삼으셨다."(요 1:35-43)

이런 일이 있은 지 사흘째 되던 날 가나에서 혼인 잔치가 있었다.

요한복음서에만 기록되어 있는 예수님의 첫 번째 이적 이야기이다.

어머니 마리아와 요한, 안드레, 베드로, 빌립, 나다나엘이 함께 갔다. 잔치 도중에 포도주가 떨어졌다.

어머니가 예수님께 "이 집에 포도주가 떨어졌구나" 하자

"여자여(유대에서는 어머니를 높이는 존칭어로 사용한다), 나와 상관

없어요. 내 때가 아직 이르지 않았습니다."

그러나 마리아는 "너희에게 무슨 말씀을 하시든지 그대로 행하라"라고 슬며시 일러둔다.

"항아리에 물을 채우라."

"이제 퍼서 손님들께 갖다주어라."

언제, 어디서, 누가, 무엇을, 어떻게, 왜,

사도 요한은 육하원칙에 의거 기록하고 있는 것 같다.

한 사건을 두고 헬라인들은 "어떻게?"라고 묻는다고 하고,

히브리인은 "왜?"냐고 묻는다고 한다.

물음에 따라 답이 달라진다.

"어떻게 물이 포도주가 되었을까?" 답이 준비될 것이고

"왜 물이 포도주 되게 하셨을까?" 성경에 정답이 있다.

예수님이 갈릴리 가나에서 처음으로 이런 기적을 행하여 그의 영광을 나타내시자 제자들이 예수님을 믿게 되었다.

"그의 영광을 나타내시매 제자들이 그를 믿으니라"(요 2:11)

믿음은 기적의 출발이며 은총의 선물이다.

죽은 자 가운데서 살아나신 후에야
- 요한복음 2장 13-22절

예수님께서 유월절이 가까웠을 때
예루살렘 성전 앞마당에서 제물을 파는 사람과 환전하는 사람들을 노끈으로 채찍을 만들어 상을 뒤엎으시고 쫓아내셨다.
"성전을 헐라. 내가 사흘 동안에 일으키리라."
죽은 자 가운데서 살아나신 후에야 제자들이 이 말씀 하신 것을 기억하고 예수를 믿더라.

예수께서 성전을 떠나가실 때에, 제자들 가운데서 한 사람이 예수께 말하였다. "선생님, 보십시오! 얼마나 굉장한 돌입니까! 얼마나 굉장한 건물들입니까!" 예수께서 그에게 말씀하셨다. "너는 이 큰 건물들을 보고 있느냐? 여기에 돌 하나도 돌 위에 남지 않고 다 무너질 것이다."(막 13:1-2, 새번역)

예루살렘 성전은 해발 750m 정상에 있는데 세 번 건축되었고 세 번 파괴되었다.
"솔로몬이 예루살렘 모리아 산에 여호와의 전 건축하기를 시작하니 그 곳은 전에 여호와께서 그의 아버지 다윗에게 나타나신 곳이요 여부스 사람 오르난의 타작 마당에 다윗이 정한 곳이라 솔로몬이 왕위에 오른 지 넷째 해 둘째 달 둘째 날 건축을 시작하였더라"(대하 3:1-2)

첫 번째 솔로몬 성전은 BC 957년 시작, 7년 동안 지어졌고 BC 587년 바빌론의 느브갓네살에 의해 파괴되었다.

두 번째 성전은 유대 총독 스룹바벨과 선지자 에스라에 의해 BC 536년 시작하여 BC 516년 완성되었으나 BC 169년 시리아 안티오커스에 의해 파괴되었다.

세 번째 성전은 이두매 사람 헤롯이 정치적 야심으로 BC 20년 시작하여 80여 년 동안 건축되어 AD 64년 완성되었으나 AD 70년 로마의 티투스에 의해 완전히 파괴되었다.

예수께서는 유대 절기에 따라 헤롯의 성전에 아기 예수로, 12살 소년으로, 이 성전을 정결케 하셨으며, 이 성전에서 가르치셨고, 요한복음에 의거하면 공생애 중 3번의 유월절을 지키셨다.

"여러분은 하나님의 성전이며, 하나님의 성령이 여러분 안에 거하신다는 것을 알지 못합니까? … 하나님의 성전은 거룩합니다. 여러분은 하나님의 성전입니다."(고전 3:16-17, 새번역)

임마누엘-!!!
우리는 주님의 네 번째 성전이다.

주님은 네 번째 성전인 우리 마음속에 임마누엘로 거하신다.

네가 낫고자 하느냐
– 요한복음 5장 1-16절

예수님께서 베데스다 연못 물이 동하기를 기다리며 누워 있는 38년 된 중풍병자를 보시고,
"네가 낫고자 하느냐?"고 물으셨다.
영원 전부터 나를 아시고 나를 택하셨으나 주님은 내게 먼저 물으신다. 나의 주권을 인정하시고 소중히 여기신다.
내가 문을 열기를 기다리신다.
믿음은 일방통행이 아니고 하나님과 함께 걷는 것이다.

이날은 안식일이었다.
유대인들은 병이 나은 사람에게 "오늘은 안식일이니 자리를 들고 가는 것은 옳지 않다" 하였다.
그가 대답하였다.
"나를 낫게 한 그가 자리를 들고 걸어가라 하셨소."(요 5:11)

안식일은 하나님께서 창조하신 모든 일을 마치시고 이날에 안식하시었다. 십계명 중 네 번째 계명인데 유대 토라와 히브리 구전 법에 안식일에 해서는 안 되는 일들이 39가지 더 첨부되었다.

바느질도 못 하고 불도 켤 수 없다. 하루에 2,000규빗(약 900m) 이상 걷지 못한다. 추수, 탈곡 금지 규정에 의해 이삭을 자르거나 비벼서 먹을 수 없다. 구덩이에 빠진 어린 양도 구해 올릴 수 없다. 먹이를 던져 주고 올라오기를 기다려야 한다.

그러나 주님께서 명쾌하게 말씀하셨다.
"안식일은 사람을 위하여 있는 것이며 인자는 안식일의 주인이니라."(막 2:27-28)

엿새 동안은 힘써 네 모든 일을 행하고 일곱째 날은 창조주를 기억하며 거룩하게 지켜라.

그리고 그들에게 말씀하셨다.
그러므로 예수께서 그들에게 이르시되 내가 진실로 진실로 너희에게 이르노니 아들이 아버지께서 하시는 일을 보지 않고는 아무것도 스스로 할 수 없나니 아버지께서 행하시는 그것을 아들도 그와 같이 행하느니라.

유대 사람들은 이 말씀 때문에 더욱더 예수를 죽이려고 하였다. 그것은, 예수께서 안식일을 범하셨을 뿐만 아니라, 하나님을 자기 아버지라고 불러서, 자기를 하나님과 동등한 위치에 놓으셨기 때문이다.

아버지께서는 아무도 심판하지 않으시고, 심판하는 일을 모두 아들에게 맡기셨다.

그것은, 모든 사람이 아버지를 공경하듯이, 아들도 공경하게 하려는 것이다. 아들을 공경하지 않는 사람은, 아들을 보내신 아버지도 공경하지 않는다.

내가 진정으로 진정으로 너희에게 말한다. 내 말을 듣고 또 나를 보내신 분을 믿는 사람은, 영원한 생명을 가지고 있고 심판을 받지 않는다. 그는 죽음에서 생명으로 옮겨 갔다.

내가 진정으로 진정으로 너희에게 말한다. 죽은 사람들이 하나님의 아들의 음성을 들을 때가 오는데, 지금이 바로 그 때이다. 그리고 그 음성을 듣는 사람들은 살 것이다.

아버지께서 자기 속에 생명이 있음같이 아들에게도 생명을 주어 그 속에 있게 하셨고 또 인자 됨으로 말미암아 심판하는 권한을 주셨느니라.

이를 놀랍게 여기지 말라. 무덤 속에 있는 자가 다 그의 음성을 들을 때가 오나니 선한 일을 행한 자는 생명의 부활로, 악한 일을 행한 자는 심판의 부활로 나오리라.

내가 아무것도 스스로 할 수 없노라. 듣는 대로 심판하노니 나는 나의 뜻대로 하려 하지 않고 나를 보내신 이의 뜻대로 하려 하므로 내 심판은 의로우니라.

"아버지께서는 아들을 사랑하셔서, 하시는 일을 모두 아들에게 보이시고 또 그보다 더 큰 일을 보이사 너희를 놀라게 하실 것이다. … 아버지께서 아무도 심판하지 아니하시고 심판을 다 아들에게 맡기셨으니 … 내 말을 듣고 또 나 보내신 이를 믿는 자는 영생을 얻었고 심판에 이르지 아니하나니 사망에서 생명으로 옮겼느니라."(요 5:20-24)

우리의 일생을 마치고
저 천국 이르러 하나님과 함께 영원한 안식을 하기 위하여
우리는 우리의 전생(全生)을 들고 간다.

이것이 얼마나 되겠습니까마는…
― 요한복음 6장 1–15절

마침 유대인의 명절인 유월절이 가까웠고, 디베랴 갈릴리 바다 건너편 동산 위에서, 점심때였다.

예수님의 말씀을 듣고자 큰 무리들이 모였다. 모두 배가 고팠다.

예수님께서 빌립에게 물으셨다.

우리가 어디서 떡을 사서 이 무리를 먹일 수 있을까?

빌립의 명석한 두뇌로 계산하여 200데나리온쯤 예산이 필요할 것 같다고 말씀드렸다. 한 데나리온이 일용직 노동자 하루 품삯이었으니 200데나리온은 200명의 하루 품삯이다.

그때 안드레가 나타났다.

한 아이가 자신의 점심을 위해 떡 5개와 물고기 2마리를 가지고 왔어요. 그러나 이것이 이 많은 사람에게 얼마나 되겠사옵나이까마는……. 요한은 '보리떡'이었다고 본 것을 정확하게 기록하고 있다(요 6:9).

주께서 목자 없는 양 같은 큰 무리를 보시고 불쌍히 여기사 100명씩 또는 50명씩 앉게 하시고 하늘을 우러러 축사하시고 나누어 주시니 다 배불리 먹고 남은 조각이 12바구니였고 여자와 어린이를 수에 넣지 않고(유대 풍습) 장정만 5,000명이었다.

  너희가 나를 찾는 것은 떡을 먹고 배부른 까닭이로다. 나는 생명의 떡이니 내게 오는 자는 결코 주리지 않을 것이요 영원히 목마르지 아니하리라.
  사람들이 예수께서 행하신 표적을 보고 임금 삼으려 하는 줄 아시고 혼자 다시 산으로 가셨다.
  "내가 하늘에서 내려온 것은 내 뜻을 행하려 함이 아니요 나를 보내신 이의 뜻을 행하려 함이니라 … 내 아버지의 뜻은 아들을 보고 믿는 자마다 영생을 얻는 이것이니 마지막 날에 내가 이를 다시 살리리라"(요 6:38, 40)

  오병이어의 기적은 네 복음서에 모두 기록되어 있다.
  작은 아이의 점심 한 끼,
  내 것을 내놓으면 기적이 일어난다.

이 말씀은 어렵도다
- 요한복음 6장 60절

오늘 우리는 삼위일체 하나님을 믿는다.

그러나 AD 30년경의 유대인들은 오직 한 분 하나님만을 섬겨 왔으며 기쁜 소식, 복음에 대해 알지 못했다. 우리도 그 당시의 가버나움으로 돌아간다면 예수님 말씀을 이해하지 못했을 터이고 말씀이 어려웠을 것이다.

아직 복음의 비밀이 열리지 않았기 때문이다.

"내가 아직도 너희에게 이를 것이 많으나 지금은 너희가 감당하지 못하리라"(요 16:12)

"진리의 영이신 보혜사 곧 아버지께서 내 이름으로 보내실 성령이 오시면 그가 너희에게 모든 것을 가르치고 생각나게 하리라."(요 14:26)

"내가 떠나가는 것이 너희에게 유익이라 내가 떠나가지 아니하면 보혜사가 너희에게로 오시지 아니할 것이요 가면 내가 그를 너희에게로 보내리니"(요 16:7)

"이 비밀은 만세와 만대로부터 감추어졌던 것인데 이제는 그의 성도들에게 나타났고 이 비밀은 너희 안에 계신 그리스도시니 곧 영광의 소망이니라"(골 1:26-27)

성령 하나님께서 오순절 강림하신 후,
창조 때부터 숨겨진 비밀을 알게 하셨다.

죄의 값은 사망이라고 선포하셨음에 친히 값을 치러 주시기 위하여 성자 하나님께서 피조물에 대한 무한 사랑으로 흙을 입고 이 땅에 오시었다. 나 하나의 죄 때문에 대신 죽으러 오셨으며 이를 믿는 모든 자들에게 영생을 주시기 위해 부활의 첫 열매가 되시었다.

창조주 하나님께서 선포하신 대로 죄의 삯은 사망이다(롬 6:23).

"욕심이 잉태한즉 죄를 낳고 죄가 장성한즉 사망을 낳느니라"(약 1:15)

"죄의 댓가는 죽음이지만 하나님께서 거저 주시는 선물은 우리 주 예수 그리스도 안에 있는 영원한 생명입니다."(롬 6:23, 현대인의 성경)

결론을 내려 보자. 예수님께서는 아버지 곁으로 가시면서 우리를 홀로 내버리신 것이 아니다. 육신으로 함께 계셨을 때와 똑같은 사역을 하실 후임자를 보내 주시고 가셨다. 그 후임자가 바로 성령이시며 그의 임무는 가르치고 예수님 말씀을 생각나게 하며(요 14:26), 지시하고 인도하며(행 16:6-10), 위로하는(행 9:31) 것이다. 이는 "두려워하는 마음이 아니요 오직 능력과 사랑과 절제하는 마음이다."(딤후 1:7) 이는 주님께서 그 크신 사랑으로 그분의 독생자와 부활을 믿는 자들에게 주시는 놀라운 선물이다.
　네가 반드시 죽으리라(창 2:17).

"소망이 우리를 부끄럽게 하지 아니함은 우리에게 주신 성령으로 말미암아 하나님의 사랑이 우리 마음에 부은 바 됨이니"(롬 5:5)

"나를 믿는 자는 나보다 더 큰 일을 행하리라."(요 14:12)

　해와 햇빛과 햇볕은 하나이다.
　태양은 본체가 있고, 태양이 존재하는 것을 우리는 그의 빛으로 알 수 있으며, 해의 볕으로 따뜻한 온기를 느낀다.

　믿으면 쉽고 믿어지지 않으면 어렵다.

내가 너희 열둘을 택하였느니라
- 요한복음 6장 70절; 15장 16절

성경의 숫자에는 모두 의미가 있다.

하나님께서 당신의 뜻과 의도를 숫자를 통하여 전해 주신다.

하나는 오직 한 분이신 하나님의 수, 처음, 유일, 절대를 의미한다. 둘은 증인의 수, 제자들이나 정탐꾼들을 둘씩 짝지어 보내신다. 셋은 성부, 성자, 성령 삼위일체 하나님, 영적 완전수로 사흘 만에 부활하신 하늘의 수이다. 넷은 동서남북, 네 기둥, 땅의 수인데 공간은 길이, 넓이, 깊이, 높이로 측정하고 만물은 4원소 물, 불, 공기, 흙으로 되어 있다. 다섯은 양 손가락을 5개씩 주셨는데 이는 부족함이 없는 은총의 수이다.

하늘의 수 3과 땅의 수 4가 만나면 행운의 수 일곱이 되어, 온전한 완성을 뜻한다. 음악의 7음계, 무지개의 일곱 가지 색(하나님 약속의 불변하심), 일주일도 7일로 구성되었다. 일곱 번을 일흔 번씩 용서하라 하심은 끝없으신 하나님 사랑의 표현이시다.

유대인들은 태어난 지 8일 만에 할례를 받음으로 약속의 민족으로 다시 태어나고, 대홍수 후 노아의 가족 8명으로 인류의 새로운 출발을 하게 하셨다. 좌우 손가락을 쫙 펴면 열이다. 모든 계산의 기본을 나타내는 완전수로 온전히 행할 것을 명령하신 열 가지 계명을 주셨다. 애굽에 내린 재앙도 열 가지이다.

3과 4가 곱셈으로 만나면 선택받은 축복의 수 열둘이 된다.
축복은 곱셈으로 온다. 거룩한 백성으로 이스라엘 12지파이고, 예수님의 택함을 받은 제자가 12이다.

"예수께서 대답하시되 내가 너희 열둘을 택하였다."(요 6:70)

우리는 마치 우리가 하나님을 떠나갔다가 뉘우치고 돌아온 듯 생각하기도 하지만 우리를 만세 전에 택하신 분은 하나님이시다.
하나님은 별의 수효를 계수하시고(시 147:4),
나의 걸음을 세시기도 하고(욥 14:16),
우리의 머리털까지 세신다(마 10:30).

성경에 기록된 숫자들의 의미는
지금도 변함이 없이 사용하신다.

가서 다시는 죄를 범하지 마라
– 요한복음 8장 11절

"여자가 현장에서 잡혔나이다.

모세는 율법에 이런 여자를 돌로 치라 명하였거니와 선생은 어떻게 말하겠나이까. 그들이 이렇게 말함은 고발할 조건을 얻고자 하여 예수를 시험함이러라."(요 8:4-5)

왜 여자만 잡혀 왔을까……. 남자는 어디 갔을까…….

도망갔을까……. 도망시켰을까…….

레위기 20장 율법에는 둘 다 죽이고 돌로 치라고 명시되어 있다. 기독교 최초의 순교자 스데반의 죽음에도 성난 군중들이 나온다. "군중들이 돌로 스데반을 치며 큰소리를 지르고 달려들어 내치고 돌로 쳤다."(행 7:59)

군중들이…, 아마도 온 동네 남자들이 율법을 집행하겠다고 모였으리라. 그때, 예수님께서 몸을 굽히사 손가락으로 땅에 무엇인가를 쓰시고, 천천히 허리를 펴시며 일어나 이르시되

"너희 중에 죄 없는 자가 먼저 돌로 치라."

양손에 돌덩이를 들고 살기등등하던 군중들과 바리새인과 서기관들은 예수님의 침묵 앞에 두렵고 떨리기 시작하였다.

예수님께서 다시 조용히 허리를 굽히시니 분노하는 군중들 눈에 주님의 어깨가 보였다. 그 어깨 위에 정사를 메었으니 위엄과 힘과 권세자의 통치 권위가 온 땅에 가득하였으리라(사 9:6).

"몸을 굽혀 손가락으로 땅에 쓰시니 그들이 양심에 가책을 느껴 어른으로 시작하여 젊은이까지 하나씩 하나씩 나가고 오직 예수와 여자만 남았더라."(요 8:8-9)
증오로 움켜쥐었던 손바닥에 힘이 풀리고 돌덩이들이 땅 위로 툭툭 떨어졌다.
"이르시되 너를 고발하던 그들이 어디 있느냐. 나도 너를 정죄하지 않노니 가서 다시는 죄를 범하지 말라."

"내가 의인을 부르러 온 것이 아니요 죄인을 불러 회개시키러 왔노라"(눅 5:32)

참 이상한 일입니다
- 요한복음 9장 30절

날 때부터 맹인이었던 사람이 있었다.

누구의 죄로 맹인이 되었을까, 부모의 죄인가 본인의 죄 때문인가? 주님의 대답은 "그에게서 하나님이 하시는 일을 나타내고자 하심이라"(요 9:3)

날 때부터 시각장애이니 부모님의 얼굴을 본 적이 없다.

해와 달 구름도 보지 못했고 나무와 꽃들도 본 적이 없다.

하나님께서 천지를 창조하실 때 이 땅은 혼돈하고 공허하며 흑암이 깊음 위에 있었다. 빛보다 어둠이 먼저 있었다.

창조 첫날 빛이 있으라 하시니 곧 빛이 있었다.

'하나님의 일'은 어둠을 물리치고 빛을 주심이다.

예수께서 땅에 침을 뱉어 진흙을 이겨 그의 눈에 바르시고 실로암 못에 가서 씻으라 하시니 실로암은 보냄을 받았다는 뜻이다. 아담도 흙으로 지음을 받았다.

진흙을 이겨 눈을 뜨게 하신 날이 안식일이라.

바리새인들이 주께서 안식일을 지키지 않으셨으니 죄인이라 하니,

태어날 때부터 눈이 멀었던 그가 대답하였다.

"나는 그분이 죄인인지 아닌지는 모릅니다. 다만 한 가지 내가 아는 것은, 내가 눈이 멀었다가, 지금은 보게 되었다는 것입니다. … 그분이 내 눈을 뜨게 해주셨는데도, 여러분은 그분이 어디에서 왔는지 모른다니, 참 이상한 일입니다. … 나면서부터 눈먼 사람의 눈을 뜨게 하였다는 말은, 창세로부터 이제까지 들어 본 적이 없습니다. 당신들도 그의 제자가 되려 하십니까."(요 9:25, 30, 32, 새번역)

주께서 나면서부터 눈이 멀었던 자를 만나 이르시되 "네가 인자를 믿느냐?" "주여, 내가 믿나이다."(요 9:35-38)
그는 예수님을 만나 육신의 눈을 뜨게 되었고
영혼도 구원을 얻었다.

"나는 세상의 빛이니 나를 따르는 자는 어둠에 다니지 아니하고 생명의 빛을 얻으리라"(요 8:12)

베다니 마을에 무슨 일이 있었는가?

　감람산 베다니 마을에 3남매가 살고 있었다.
　복음서에 베다니 마을은 두 곳이다.
　요단강 건너편에 세례 요한이 세례를 주던 베다니가 있다(요 1:28).
　베다니의 히브리어 뜻은 '고난, 슬픔의 집'이다.
　그곳에 나병 환자 시몬의 집이 있는 것으로 보아 나병 환자들이 모여 살았던 동네가 아닐까……. 나병은 한센병으로 전염성이 높아 환자들을 격리 치료하였다.

　- 예수께서 베다니 나병 환자 시몬의 집에서 식사하실 때 한 여자가 매우 값진 향유 곧 순전한 나드 한 옥합을 가지고 와서 그 옥합을 깨뜨려 예수의 머리에 부으니 어떤 사람들이 화를 내어 이 향유는 300데나리온 이상에 팔아 가난한 자들에게 줄 수 있었겠도다 하며 그 여자를 책망하였다(막 14:3-5).

　- 예수께서 베다니 나병 환자 시몬의 집에 계실 때에 한 여자가 매우 귀한 향유 한 옥합을 가지고 와 식사하시는 예수의 머리에 부으니 제자들이 보고 분개하여 "무슨 의도로

이것을 허비하느냐 비싼 값에 팔아 가난한 자들에게 주어야
지" 하였다(마 26:6-9).

누가복음에는 기록이 없고 요한복음에는 '한 여자'의 이름
이 실명으로 기록되어 있다.
- 어떤 병자가 있으니 이는 마리아와 그 자매 마르다의
마을 베다니에 사는 나사로라 … 예수께서 본래 마르다와 그
동생과 나사로를 사랑하시더니(요 11:1, 5).

어떤 병자는 나사로였고, 베다니에 살았으니 그도 나병이
었을까?
마르다가 뛰어나오며 자신의 신앙을 고백한다.
"주께서 여기 계셨더라면 오라버니가 죽지 아니하였을 것
입니다." "네 오라비가 다시 살아나리라."
"주는 그리스도시요 하나님의 아들이심을 내가 믿나니,
마지막 날 부활 때에 다시 살아날 줄을 믿나이다."
예수께서 두 자매가 우는 것과 온 동네 유대인들이 슬피
우는 것을 보시고 불쌍히 여기사 눈물을 흘리셨다(요 11:21-35).

감람산 베다니 마을에 무슨 일이 있었는가?

나사로 구출 작전

베다니는 예루살렘에서 가깝기가 한 오 리쯤 된다(요 11:18). 나사로가 병들었다는 소식을 들으셨으나 예수께서 계시던 곳에 이틀을 더 머무시고 죽어 장사된 지 나흘 만에 오셨다.

나사로의 무덤 앞에 가시니 무덤이 굴이라 돌로 막았거늘 이르시되 "돌을 옮겨 놓으라" 하시니 마르다가 이르되

"주여 죽은 지가 나흘이 되었으매 벌써 냄새가 나나이다."

"네가 내 말을 믿으면 하나님의 영광을 보리라."

예수께서 눈을 들어 우러러보시고 "아버지여 내 말을 들으신 것을 감사합니다. 항상 내 말을 들으시는 줄을 내가 알았나이다. 이 말씀은 둘러선 무리를 위함이니 곧 아버지께서 나를 보내신 것을 그들로 믿게 하려 함입니다."(요 11:41-42)

그리고 무덤 앞에서 큰 소리로 부르셨다.

"나사로야 나오너라-!!!"

죽은 자가 수족을 베로 동인 채로 나오는데 그 얼굴은 수건에 싸여 있더라.

"수건을 풀어 놓아 다니게 하라-!!!"

예수께서 하신 일을 본 많은 유대인들이 예수를 믿었다.

나사로를 살리신 이야기는 요한복음에만 있다(요 11-12장).

초기 복음서 기자들은 나사로 부활 이야기를 침묵하기로 한 것 같다.

"유대 사람들이 예수가 거기에 계신다는 것을 알고, 크게 떼를 지어 몰려왔다. 그들은 예수를 보려는 것만이 아니라, 그가 죽은 사람들 가운데서 다시 살리신 나사로를 보려는 것이었다. 그래서 대제사장들은 나사로도 죽이려고 모의하였다."

많은 세월이 지나 나사로를 죽이려고 모의하던 대제사장들의 눈을 피해 나사로는 살해 위험에서 벗어났으리라.

초기 교회 시대에 '나사로 살리기 작전'이 있었던 것 같다.

온 집에 향유 냄새가 가득하였다
– 요한복음 12장 3절

부활하신 예수님께서 40일을 이 땅에 계시다가 감람산 기슭 베다니에서 승천하셨다.

그때 흰옷 입은 두 사람이 이르되 하늘로 가심을 본 그대로 다시 오시리라 하심에 모두 당대에 예수님께서 오시리라 믿었던 것 같다(행 1:11). 그러나 베드로와 바울이 AD 65년, 68년 순교하고, 예루살렘은 70년, 로마군에게 "돌 하나도 돌 위에 남지 않고"(막 13:2) 다 무너져 내렸다.

나사로를 살리신 이야기는 90~100년경에 기록된 요한복음에만 유일하게 기록되어 있다.

요한은 그 잔칫날, 예수님 바로 곁에 있었고, 그날의 이야기는 구체적이고 명확하다.

"유월절 엿새 전에 예수께서 베다니에 이르시니 이 곳은 예수께서 죽은 자 가운데서 살리신 나사로가 있는 곳이라. 거기서 예수를 위하여 나사로의 집에서 잔치할 때 마리아는 지극히 비싼 향유 곧 순전한 나드 한 근을 예수의 발에 붓고 자기의 머리털로 그의 발을 닦으니 향유 냄새가 집에 가득하였다. 제자 중 하나로서 예수를 잡아 줄 가롯 유다가 말하되 이 향유를 어찌하여 300데나리온에 팔아 가난한 사람들에게 주지 않느냐 하니 이렇게 말함은 그는 도둑이라. 돈궤를 맡고 거기 넣는 것을 훔쳐 감이라."(요 12:1-6)

마태·마가복음에 "옥합을 깨고 기름을 부은 익명의 한 여자"는 나사로의 동생 '마리아'이고, 잔치는 죽음에서 부활한 '나사로의 집'이었으며, 투덜대던 제자 중 "어떤 이"는 '가룟 유다'이고, 그는 예수를 잡아 줄 도둑이었다고 요한은 확실하게 기록한다. 향유는 '예수님의 머리'가 아니고 유대 풍습대로 '예수님 발'에 부어졌을 것이며, 온 집에 향유 냄새가 가득했다(요 12:4-6). 누가는 침묵했다(눅 7:37-38).

마리아는 오라버니를 살려 주신 주님께
향유 옥합 열 개라도 부었으리라.
헌신은 나의 가장 소중한 것을 드리는 것이다.

발을 차례로 씻겨 주셨다
– 요한복음 13장 4-15절

예수님께서 유월절 전에 저녁을 잡수시던 자리에서 일어나 겉옷을 벗고 수건으로 허리를 두르시고 대야에 물을 떠서 제자들의 발을 하나씩 씻겨 주셨다.

다른 세 복음서에는 잡히시기 전날 최후의 만찬이 있었고 떡과 포도주를 주시며 "나를 기념하라" 명하셨다.

아마도 만찬 후에 제자들의 발을 씻겨 주셨으리라.

세족식은 요한복음에만 있다.

가장 유명한 '최후의 만찬'은 레오날도 다 빈치의 성화인데 이는 유럽의 만찬 모습이고, 일반적으로 유대인의 만찬은 비스듬히 왼편으로 기대어 앉아 오른손으로 음식을 먹는다.

특히 유월절 음식은 기대어 앉아 먹는다.

"예수의 제자 중 하나 곧 그가 사랑하시는 자가 예수의 품에 의지하여 누웠는지라. … 그가 예수의 가슴에 바싹 기대어 말하되 …"(요 13:23, 25)

베드로 차례가 되었다.

"주님, 제 발은 절대로 씻지 못하십니다."

"너를 씻지 않으면 너와 나는 상관이 없느니라."

"그럼, 내 발뿐 아니라 손과 머리도 씻어 주시옵소서."
"이미 목욕한 자는 온몸이 깨끗하니 발만 씻으면 된단다."
"내가 선생이 되어 너희들 발을 씻겨 본을 보여 주었으니 너희도 서로 발을 씻어 주어라."(요 13:3-15)

그리고 곧 새 계명을 주셨다.
"새 계명을 너희에게 주노니 서로 사랑하라 내가 너희를 사랑한 것 같이 너희도 서로 사랑하라 너희가 서로 사랑하면 이로써 모든 사람이 너희가 내 제자인 줄 알리라"(요 13:34-35)

그 밤에 열두 제자는 모두 함께 그곳에 있었고
가룟 동네에서 온 유다의 발도 주께서 씻겨 주셨다.

그가 곧 나가니 밤이러라
– 요한복음 13장 30절

　유월절 만찬은 예수님께서 준비하라고 직접 명하셨다.
　무교절의 첫날 곧 유월절 양 잡는 날에 제자들이 예수께 여짜오되 우리가 어디로 가서 유월절 음식을 잡수시게 준비할까요 하매 예수께서 제자 둘을 보내시며 성내로 들어가라 그리하면 물 한 동이를 가지고 가는 사람을 만나리니 그를 따라가서 그 집 주인에게 이르되 주께서 제자들과 함께 유월절 음식을 먹을 객실이 어디 있느냐 물으면 그가 자리를 펴고 준비한 큰 다락방을 보이리라. 제자들이 나가 성내로 들어가서 예수께서 말씀하신 대로 유월절 음식을 준비하니라(막 14:12).
　유월절 음식은 누룩 없이 구운 빵을 '하로셋'이라는 벽돌색 소스에 적셔서 쓴맛이 나는 나물과 양의 정강이뼈와 삶은 달걀을 먹는다. 누룩을 넣어 부풀게 할 시간이 없을 정도로 급박하게 이루어진 출애굽은 하나님의 절대 주권이었음을 기억하게 하고 벽돌 굽던 노예 생활의 눈물을 잊지 말도록 쓴 나물을 먹으며 자손들에게 그날의 이야기를 들려준다. 유월절은 양을 잡아 그 피를 문설주에 바르면 사망이 그 집을 넘어 지나갔다.

세족식 후 예수님께서 심령이 괴로워하시며 증언하시었다.

"지금부터 일이 일어나기 전에 일러둘 말이 있으니 이 일이 일어날 때 내가 그인 줄 너희가 믿게 하려 함이라.

너희 중 하나가 나를 팔리라."(요 13:19-21)

제자들이 그가 누구일까 서로 의심하였으나 베드로도 직접 여쭙지 못하고 요한에게 머릿짓으로 물어보라 하니 요한이 주여 그가 누구니이까. 주께서 말씀하시되,

"내가 빵 한 조각 적셔다 주는 자가 그니라."(요 13:26)

그러나 그 앉은 자 중에 이 말씀을 무슨 뜻으로 하시는지 아는 자가 없었고(요 13:29), 내가 하는 것을 너희가 지금은 알지 못하나 이후에는 알리라(요 13:7)고 알려 주셨다.

"유다가 그 조각을 받고 곧 나가니 밤이러라"(요 13:30)

주께서 빵 조각을 적셔 주실 때 그 눈을 들어 주님의 눈을 마주 보았더라면 유다는 그 밤에 나갈 일 없었으리라.

자기 사람을 사랑하시되 끝까지
– 요한복음 13장 1절

예수께서 자기가 세상을 떠나 아버지께로 돌아가실 때가 이른 줄 아시고 세상에 있는 자기 사람을 사랑하시되 끝까지 사랑하시니라. 베드로가 힘 있게 말하되 내가 주와 함께 죽을지언정 주를 부인하지 않겠나이다 하고 모든 제자들도 이와 같이 결단하였다. 예수님은 이미 알고 계셨다.
"네가 닭이 두 번 울기 전에 세 번이나 나를 부인할 것이다."
베드로가 바깥 뜰에 앉아 있는데 갈릴리 사람인 것을 알아보는 작은 계집종이 있었다.
"나는 저 사람을 도무지 알지 못하노라" 맹세하고 또 부인하고 저주하였다. (마 26:69-72; 막 14:71-72)

예수님은 날마다 새벽에 습관처럼 기도하러 동산에 올라가셨다.
산 위, 산 아래, 성전 안팎에서 언제, 어디서나 말씀을 전하셨으니 당시 예루살렘 사람들은 이미 다 알고 있었다.
예수님 공생애 3년간 행하신 이적과 기적 중 복음서에 기록된 것만 43건이고, 물고기 두 마리와 보리떡 5개로 남자 장정만 5,000명을 먹이시고 부스러기가 열두 광주리였다고

4복음서에 기록되어 있다. 물로 포도주 만드시고 물 위를 걸으시고 풍랑을 잠잠케 하셨으며 야이로의 12살 난 딸과 나인성 과부 아들을 살려 주시고 눈먼 맹인을 고쳐 주시고 죽은 지 나흘이나 된 나사로도 살려 주셨다. 이 제자들이 모두 다 예수를 버리고 도망갔다(마 26:56; 막 14:50).

주님은 끝까지 제자들을 사랑하셨다. 유다도 3년 이상 주님으로부터 사랑을 받았다. 그러나 다른 제자들로 하여금 감격의 눈물을 흘리게 한 주의 사랑도, 타산적인 유다에게는 아무 감동도 주지 못했다. 그에게서 이런 약점을 간파한 마귀는 일차 공략을 시도했다. "마귀가 벌써 시몬의 아들 가룟 유다의 마음에 예수를 팔려는 생각을 넣었더니", 이것을 알아차린 주님은 염려가 되어, "너희 중에 하나가 나를 배반할 것이다"라고 말씀하셨다. 그러자 제자들은 두려움에 떨면서, "내가 그 사람일까" 하고 수군거렸다. 성령께서 유다의 죄를 지적하셨지만, 유다는 이미 결심을 굳히고 있었다.

그렇다면, 유다가 배신자의 길을 걷게 된 결정적인 이유가 무엇인가? 베드로도 예수님을 부인하고 저주까지 하지 않았는가? 가룟 유다와 베드로의 가장 큰 차이점은 회개를 하지 않았다는 점이다. 후회의 감정이 일고 죄의식을 느꼈을 때, 함께 범죄를 공모한 대제사장들에게로 가서 자신을 정당화시키려 했다. 가룟 유다는 그곳이 아니라, 하나님께 자복하고 용서를 구해야 했다. 결국 그의 종말은 죄의식에 사로잡혀

자살이라는 비극으로 막을 내렸다.

주님은 얼마나 통탄하셨을까? 이제 세상을 떠나 제자들과 헤어지게 되었지만, 다른 열한 제자들과는 그 나라에서 다시 만날 기회가 있을 것이다. 그러나 유다와는 이것이 마지막 이별이다. 앞으로 영원히 만나지 못하게 될 것이다. 그는 "차라리 나지 아니하였더면 제게 좋을 뻔하였느니라"라고 말씀하시는 주님은 가슴이 찢어지는 심정이었을 것이다. 주님은 끝까지 유다를 사랑하였다. 그러나 그 사랑을 받아들이기에 그의 심령은 이미 온갖 인간적인 생각, 욕망, 불신앙으로 가득 차, 마비되어 있었다. 마귀에게 사로잡힌 그의 눈에는 메시아가 은화 30닢의 가치도 없었다.

저주하고 맹세하고 부인하는 베드로, 도망가고 숨어 버린 제자들, 은 30세겔 받고 예수님 계신 곳을 알려 준 갸롯 유다, 누구 죄가 더 클까.
회개하지 않을 자유를 주셨으매
그 죄가 가장 큰 것 같다.

두 번째 닭이 울던 바로 그때 주께서 돌이켜 베드로를 보시니(눅 22:61-62) 두 사람의 눈이 마주쳤다.
베드로가 주의 말씀이 생각나 밖에 나가 통곡하였다.

보혜사 성령
– 요한복음 14장 26절

"보혜사, 곧 아버지께서 내 이름으로 보내실 성령 그가 너희에게 모든 것을 가르치고 생각나게 하고 … 나를 증언하고 … 내 영광을 나타내리라."(요 14:26; 15:26; 16:14)

보혜사는 헬라어 '파라클레토스'인데 돕는 자, 중재자, 변호인을 의미한다. 형용사로는 곁에, 옆에, 늘, 함께한다는 의미가 있다. 성령은 거룩한 영으로 헬라어 '프뉴마'인데 숨, 기운, 바람, 생기 등을 뜻한다.

"내가 떠나가는 것이 유익함이라. 그래야 보혜사가 오셔서 의에 대하여, 죄에 대하여, 심판에 대하여, 장래 일을 알리리니……."(요 16:7-13)

우리는 삼위일체 하나님을 믿는다.

창조주 성부 하나님은 천지를 창조하시고 많은 민족 중에서 이스라엘을 택하시고 그들의 역사 속에서 주관하셨으나, 원하실 때 오셔서 선택된 몇 사람하고만 대화하셨다.

성자 하나님은 2023년 전 유대 땅 갈릴리에 육신을 입고 오셔서 33년 동안 이 땅에 계시었으니 그때 그곳에 살았던 사람들은 직접 뵈올 수 있었다. 우리의 죗값을 치르고 죽음에서 부활하시어 40일 동안 세상에 계시다가 승천하시며 다시 오시겠다고 약속하셨다.

예수 부활하심을 눈으로 보고 부활하신 주께서 여러 번(열한 번) 직접 오시었으나 여전히 두려워 숨고, 다시 고기나 잡겠다고 갈릴리로 갔던 제자들이 오순절 다락방에 모여 함께 기도할 때 바람처럼 성령이 임하셨다. 그날 이후 무서워 떨던 제자들이 일어섰다. 제자들은 죽음을 두려워하지 않게 되었고 세상을 변화시켰다.

보혜사 성령님은 예수 부활하신 지 50일 되는 오순절 아침 오전 9시, 유대 시간으로 제3시에(행 2:15) 이 땅에 오신 이후 오늘까지 그리고 앞으로도 영원히 우리 곁에, 옆에, 늘, 언제나, 함께 계시는 하나님이시다.

"성령은 우리의 연약함을 도우시나니 말할 수 없는 탄식으로 우리를 위하여 친히 간구하시느니라."(롬 8:26)

골고다의 여인들
– 요한복음 19장 25절

예수님은 유월절 첫 목요일 밤,

제자들에게 떡과 포도주로 성만찬을 행하시고 "나를 기념하라" 명하셨다. 제자들의 발을 모두 씻겨 주시고, 마지막 만찬을 하셨으며 그 밤에 습관을 따라 감람산에 기도하러 가시니(눅 22:39)…….

금요일 새벽 군병들에게 잡히셨다.

십자가에 달리시던 때는 금요일 오전 9시였다(막 15:25).

예수님은 십자가에 달리신 채 '가상칠언'으로 일곱 마디의 최후의 말씀을 남기셨다.

첫 번째 말(1언) : "아버지여 저희를 사하여 주옵소서. 자기의 하는 것을 알지 못함이니이다."(눅 23:34) 이 말씀은 용서의 기도이다.

두 번째 말(2언) : "오늘 네가 나와 함께 낙원에 있으리라"(눅 23:43) 이 말씀은 파라다이스(낙원)의 약속이다.

세 번째 말(3언) : "여자여, 보소서. 아들이니이다." "보라, 네 어머니라."(요 19:26-27) 이 말씀은 육신의 아들로서의 효도이다.

네 번째 말(4언) : "'엘리 엘리 라마 사박다니' 하시니 이는 곧 나의 하나님, 나의 하나님, 어찌하여 나를 버리셨나이까 하는 뜻이라."(마 27:46) 이 말씀은 영적인 고민이다.

다섯 번째 말(5언) : "내가 목마르다."(요 19:28) 이 말씀은 육신적인 고통이다.

여섯 번째 말(6언) : "다 이루었다."(요 19:30). 이 말씀은 승리의 선언이다.

일곱 번째 말(7언) : "아버지, 내 영혼을 아버지 손에 부탁하나이다."(눅 23:46). 이 말씀은 최후의 신앙고백이다.

이상 일곱 마디(7언) 중 처음 세 마디는 9시부터 12시 사이에 말씀하셨고, 12시부터 3시까지 세 시간 동안 갑자기 온 땅이 어두워졌다. 그 세 시간 동안 예수는 한 마디도 말씀하지 않으셨고, 오후 3시에 예수께서는 나머지 네 마디 말씀을 연거푸 하시고 운명하셨다. 네 마디 말씀으로 승리의 선언을 하시고 마지막 최후의 신앙고백을 하신 후, 십자가에 달리신 지 6시간 만에 숨을 거두시었다.

"제자들이 예수를 버리고 다 도망갔다."(막 14:50)

요한만이 십자가 곁에 남아 어머니 마리아를 부탁하셨다.

그러나……

"예수를 섬기며 갈릴리에서부터 따라온 많은 여자가 거기 있으니 그중에 막달라 마리아와 야고보와 요셉의 어머니 마리아와 세배대의 아들들의 어머니도 있더라."(마태의 기록, 마 27:55-56)

"여자들 중에 막달라 마리아와 작은 야고보와 요셉의 어머니 마리아와 살로메가 있었으니 예수와 함께 올라온 여자들도 많이 있더라."(마가의 기록, 마 15:40-41)

"그의 어머니와 이모와 글로바의 아내 마리아와 막달라 마리아가 있었다."(요한의 기록, 요 19:25)

세 명의 마리아와 많은 여자들이 골고다 예수님 십자가 옆에 함께 있었다.

남자들은 다 도망갔다.
남자와 여자를 만드신 재료가 다르다.
아담은 흙으로 지으셨고
여자는 뼈로 지으심을 받았다.

부활의 모습

예수님께서 부활하신 후 40일 이 땅에 계셨으며
부활하신 모습으로 11번 나타나셨음을 복음서에 기록하고 있다.

안식 후 첫날 새벽, 막달라 마리아와 베드로와 요한이 무덤으로 달려갔으나 큰 돌문이 열려 있었고, 주님을 쌌던 세마포만 보고 베드로, 요한 두 제자는 집으로 돌아갔다. 마리아는 무덤 밖에서 울며 무덤 안을 보니 흰옷 입은 두 천사가 있었다.

예수께서 이르시되 "여자여, 어찌하여 울며 누구를 찾느냐" 하셨으나 예수님이신 줄 몰라보았다. 동산지기인 줄 알았다.

예수께서 "마리아야-!" 이름을 부르시자 그때서야 예수님을 알아보았다. 마리아는 부활하신 예수님을 최초로 만났다 (요 20:16).

주님은 내 이름을 기억하시고 내 이름으로 나를 불러 주신다.

그날 오후에

글로바와 다른 제자가 엠마오로 내려가는데 예수께서 가까이 오사 동행하셨으나 몰라보고 오히려 따져 물었다.

"당신은 예루살렘에서 오는 것 같은데 어찌하여 요즘 일어난 일을 혼자만 알지 못하느냐."

"무슨 일이냐?"라고 물으시니

"나사렛 예수가 십자가에 죽었는데 어떤 여자들이 오늘 새벽에 무덤에 갔는데 시체는 보지 못하고 살아나셨다는 천사들의 소리를 들었다더라."

예수님의 설명을 들었으나 주님이신 줄 몰라보았다.

그러나 어쩐지 마음이 뜨거워져서 강권하듯 붙들고 함께 음식을 나누게 되자 눈이 밝아져 예수님인 줄 알아보았지만, 주님은 보이지 않았다. 곧바로 일어나 예루살렘으로 돌아가 제자들에게 벌어진 일들을 설명하는 그 저녁에 문들은 닫혔는데 주께서 친히 그들 가운데 오셔서 "평강하여라" 하시며 손과 옆구리를 보여 주시고 구운 생선 한 토막을 드셨다(눅 24:13-42; 요 20:19)

부활의 몸은 음식을 먹을 수도 있고 시공간을 초월한다.

도마의 확증
– 요한복음 20장 28절

디두모라고도 하는 도마는 갈릴리 출신 어부였다.

우리에게 도마에 대한 정보를 가장 많이 알려 주는 요한은 아마도 어린 시절부터 도마를 잘 알고 있었으리라 추측된다. 그들은 같은 동네에서 자랐고 직업도 같았다. 또한 제자들이 디베랴 바닷가에서 고기를 잡고 있는 동안에 예수님이 나타나셨을 때에 도마도 그 자리에 있었다고 요한은 특별히 도마를 지칭하여 말하고 있다.

사도 요한은 그의 복음서에 도마의 행적을 여러 번 기록했다.

1. 요한복음 11장에 보면, 나사로가 병들었다 함을 들으신 예수님은 베다니로 나사로를 도우러 가자고 하신다. 그 당시의 상황은 예수님을 죽이려는 유대인의 궤계가 임박해 있고 실상 얼마 전에도 유대인들이 예수님을 돌로 치려고 하였다. 따라서 그곳에 가신다는 것은 굉장히 위험한 일이었다. 그래서 제자들은 예수님을 가지 못하게 말렸다. 그런데, 다른 제자들과는 달리 도마는 앞에 나서서 "우리도 주와 함께 죽으러 가자"(요 11:16)고

말한다. 도마의 이러한 반응은 어떤 의미였을까? 이것이 용기였을까, 아니면 운명론자들이 갖는 염세주의적 기질에서 나온 것일까? 만일 예수께서 신변의 위험에도 불구하고 유대 땅으로 건너가시려 하자 스승과 함께 생사고락을 함께하겠다는 비장한 결의의 표현으로 본다면, 도마는 단순하고 의협심 강한 사람이었을 것이다. 하지만, 다른 제자들과 마찬가지로 도마도 당시의 어려운 상황을 제대로 파악하고 있었다면, 유대 땅으로 들어간다는 것이 얼마나 위험한지를 알고 있는 상황에서, 다소 자포자기의 의미를 지닌, "그래, 여기까지 왔는데, 예수께서 가시자고 하니, 모든 것 다 운명에 맡기고 올라가자"라는 의미로도 들린다. 신학자들이 이 구절에 대해 여러 각도로 해설을 해 놓았는데, 분명한 결론을 내리지는 못하고 있다.

2. 두 번째로 도마가 등장하는 장면은, 요한복음 14장인데, 유월절 전날 밤에 예수께서는 제자들에게 큰 위로의 말씀을 하신다(요 14:1-4). 그러자 도마는 질문을 한다. "주여 어디로 가시는지 우리가 알지 못하거늘 그 길을 어찌 알겠삽나이까?" 도마는 그 길을 알아야 한다는 예수의 말씀을 듣고도 예수님께 질문한다. 도마는 이미 앞서 제자들에게 주시는 주님의 가르침을 듣지 못했단 말인가? 그는 귀머거리인가? 그는 주님께서 배신을 당하심과 죽음과 부활에 대한 그분의 가르침을 제대로 파악하

지 못하고 있다는 말인가? 도마도 다른 제자들과 마찬가지로 세상 왕국을 꿈꾸고 있었다. 예수께서 떠나가셔서 그들과 함께하신다고 말씀하실 때, 그들은 실제로 예수님이 어떤 다른 도시에 가시는 것으로 알고 있었을 것이다. 거기에서 왕으로 기름 부으심을 받고 이스라엘 왕국을 회복하리라고 기대했을 것이다. 그래서 그는 질문한다. "우리는 당신이 어디로 가시는지 알지 못합니다. 우리가 그 길을 어찌 알 수 있겠습니까?" 요한복음 13장에서 베드로도 질문했다. "주여 어디로 가시나이까"(요 13:36). 하지만 베드로는 예수님의 말씀을 듣고 더 이상 질문하지 않았다. 그렇다면, 이 점에서 볼 때 그는 예수님이 가르쳐 주었던 것을 잘 믿지 못하는 깨달음이 둔한 자였는가? 아니면, 자신이 이해되지 않을 때는 알 때까지 끝까지 파고드는 사람이었는가?

3. 세 번째 등장은 요한복음 20장이다. 오늘 우리가 읽은 본문인데, '의심 많은 제자 도마'로 우리에게 알려진 결정적인 사건이었다. 십자가 사건 후에, 부활하신 예수님이 제자들에게 나타났을 때, 도마는 그 자리에 있지 않았다. 나중에 그가 와서 예수님이 부활하셔서 자기들에게 나타났다는 것을 들었을 때 그는 완고하게 그 사실을 믿으려 들지 않는다. 도마는 "내가 그 손의 못 자국을 보며 내 손가락을 그 못 자국에 넣으며 내 손을 그 옆구리에 넣어 보지 않고는 믿지 아니하겠노라"고 말한다.

성경은 왜 도마가 그 자리에 없었는지를 말하지 않는다. 만일 우리가 도마와 같은 상황에 있었다면 우리는 어떻게 행동했겠는가? 도마는 부활의 증거를 믿기 전에 부활하신 자를 눈으로 보고 피부로 느껴야만 했다. 도마는 진지하고 심각했다. 그는 실제로 예수님을 다시 보기를 원하였고, 그분이 죽지 않으셨음을 알기 원했다. 의심과 실망 가운데 있던 도마는 7일 동안 제자들과 함께 머물러 있으면서 그들이 말한 것이 실제로 사실이었나를 알기 원했다. 예수께서 다시 그들을 만나 주시는데 일주일이 지체되었다. 그동안 도마는 어떤 생각을 했을까? 다른 제자들에게는 기대와 소망이 넘치는 즐거운 일주일이었지만 도마에게는 근심과 두려움이 교차하는 일주일이었을 것이다. 그는 다른 제자들과 함께 있어야 함을 느꼈으므로 그 무리들과 함께 있었다.

4. 네 번째 등장은 요한복음 20장에서 바로 이어지는 장면이다. 그 후 여드레를 지나서 갑자기 예수님이 제자들의 한가운데 다시 나타나셨을 때 예수님의 부활을 믿지 않았던 도마도 다른 제자들과 함께 그 자리에 있었다. 그때 예수님은 도마에게 나의 손을 직접 만져 보고 옆구리에 손을 직접 넣어 보라고 하신다. 그리고 도마에게 "믿음 없는 자가 되지 말고 믿는 자가 돼라"라고 말씀하신다. 그러자 도마는 무릎을 꿇으며 "나의 주시며 나의 하나님이시니이다"라는 고백을 한다. 이에 예수님은

도마에게 "너는 나를 본 고로 믿느냐 보지 못하고 믿는 자들은 복되도다"(요 20:29)라는 말씀으로 이전에 도마가 주님의 부활을 믿지 않은 데 대한 꾸지람을 하신다.

도마에 대해 변함없이 묘사되고 있는 특징은 우울하고 의심 잘하는 그의 성격이다. 하지만 예수님을 믿는 자들은 이런 경험은 예사로이 할 수 있다. 그는 결코 성경에서 언급하는 '사악한 불신의 마음'을 지닌 자는 아니었다. 그는 자신에게 휘몰아치는 의심과 싸웠으며 그런 의심들을 과감히 물리쳐서 자신의 의지를 주님 앞에 드릴 마음의 준비가 되어 있었다. 우리가 으레 도마를 생각할 때면 '의심 많은 도마'라는 상념을 떠올리는 것도 무리는 아니다. 왜냐하면 성경의 기록들이 그러하고 또한 주석가들도 "도마는 우리가 의심하지 않을 것까지도 의심하는 자"라고 예사로 논평을 해 왔기 때문이다.

성경의 여러 정황으로 볼 때, 도마는 성격상 갈등을 일으키는 요소들을 지니고 있었고, 그는 궁금한 것이 있으면 질문하지 않고는 못 배기는 성격의 소유자였다. 그러다 보니 갈등을 일으키고 다른 이들과 쉽게 융화하기가 어려웠다. 그는 분명히 기질상 쾌활하거나 명랑하기보다는 다소 우울한 성격이었을 것이다. 그는 인생을 냉담하게 혹은 절망적으로 보는 염세주의적인 기질도 있었다. 그러나 그의 의심과 질문이 부정적인 것만은 아니었다. 의심이 많다는 것은 어떤 의미에선 합리적이고 실증적인 사고를 추구한다는 것이다. 무엇이든

대충대충 넘어가지 않고 확실하게 하려는 삶의 자세를 지니고 있었던 것이다. 하지만 그는 강한 의지와 용기를 지닌 인물이었을 것 같다. 그는 예수 그리스도의 가르침에 대해서는 변하지 않는 믿음을 가지고 있었고 선생님인 예수님에 대해서는 신실한 애정을 지니고 있었다.

용기 있는 사람은 두려워하지 않는다. 고난에 도전하고 정면으로 역경을 돌파하고 시련을 이겨 내려는 의지가 있었던 도마는 분명히 용기 있는 제자였다. 제자들 가운데서도 스승에게 질문을 한다는 것은 용기가 없이는 불가능한 행동이다. 질문이 없는 조직이나 공동체는 퇴보하거나 실패하기 쉽다. 도마는 어렴풋한 생각으로 만족할 수 없었다. 그는 의문을 가지고 그대로 지나갈 수는 없었다. 올바른 지식과 인식을 얻고 전달하는 완전한 방법은 바른 질문에 있다.

도마의 오랜 의심은 드디어 강한 믿음으로 변했다. 그의 의심만큼 신앙도 깊어졌다. 사실 우리는 끊임없이 교회와 신앙, 그리고 자신의 삶에 계속 질문해야 한다는 것을 잊어서는 안 된다. 질문이 없으면 발전도 없다.

이후 도마는 주님을 위해 능력 있게 사용되었다. 염세주의적이고 의심에 가득 찬 제자였던 도마가 열정적인 선교사가 되었다는 것은 분명하다. 그는 바벨론과 페르시아(이란)에 교회를 설립했고 나아가 인도에도 교회를 설립하고 복음을 전파했다. 전승에 의하면, 도마는 인도에서 선교하다 순교하였으며, 인도 마라폴에 묻혔다. 그곳에 끼친 그의 영향력은 여러 고고학적 발굴을 통해 오늘날 세상에 속속 드러나고 있다.

도마는 예수님을 그의 손으로 직접 만져 본 유일한 제자가 되었다. "너는 나를 본 고로 믿느냐 보지 못하고 믿는 자들은 복되도다"(요 20:29), 주께서 하신 말씀으로 '의심 많은 도마'라는 별칭이 붙여졌지만 분명하고 확실한 도마 덕분에 지금 우리는 부활하신 예수님의 모습을 알 수 있다.

손바닥에 못 자국이 있고 옆구리에 창 자국이 있다.
십자가에서 운명하시기 전 육체의 모습 그대로 부활하셨다.
언젠가 우리 모두 주 앞에 서는 날
우리의 육체가 부활하면
아브라함은 아브라함으로, 모세는 모세로, 다윗은 다윗으로,
우리 모두 육체의 모습 그대로,
지금 이 모습 이대로 부활할 것이다.
가장 아름다운 모습으로.

큰 물고기 153마리
- 요한복음 21장 11절

요한복음에 의하면 예수님께서 부활하신 후 제자들에게 두 번 나타나셨고, 손과 옆구리를 보여 주시고 제자들을 향하여 성령을 받으라 이르시고 누구의 죄든지 사하면 사하여질 것이라고 권능을 주셨다(요 20:19, 26).

그러나, 제자들은 딱히 할 일이 없었다.

"나는 어부이니 먹고살기 위해서 물고기나 잡으러 가야겠다." 베드로 말에 디두모라 하는 도마와 갈릴리 가나 사람 나다나엘, 세배대의 아들들과 또 다른 제자 둘, 모두 일곱이 디베랴 호수로 물고기를 잡으러 갔다(요 21:3).

며칠 전, 도마는 예수님을 친히 뵙고 그 손으로 만져 보고

"나의 주님, 나의 하나님이시니이다."(요 20:28) 역사에 남는 위대한 신앙을 고백하였다.

나다나엘은 예수님을 처음 뵈었을 때 엄청난 칭찬을 들었다.

"보라, 이는 참 이스라엘 사람이라. 그 속에 간사한 것이 없도다. 네가 무화과나무 아래 있을 때 내가 너를 보았노라."
(요 1:47-48)

나다나엘은 무화과나무 아래서 무엇을 하였을까?

세배대는 부유한 어부였고, 두 아들 야고보와 요한은 예수님의 특별한 사랑을 받았으며 요한은 복음서를 기록하였다.

그날 밤 아무것도 잡지 못하였다.
새벽에 예수께서 오셨으나 제자들이 몰라보았다.
"그물을 오른편에 던져라."
베드로는 물고기 잡는 것이 생업인 직업 어부였다.
그러나 말씀에 순종하여 오른편에 던지니 물고기가 너무 많아 그물을 건져 올릴 수가 없었다.
그때 '예수께서 사랑하시는 그제자'가 베드로에게 이르되
"주님이시다-!"
그물을 육지에 끌어 올리니 큰 물고기가 153마리였더라 (요 21:11).
큰 물고기만 하나씩 세어 보았을까?
성경에서 숫자를 기록하심은 상징적 의미가 있다.
153은 '하나님의 아들들'의 의미가 있으며 초기 기독교 신자들은 물고기를 그림으로 서로 간 믿음의 증표로 사용했다.
히브리어의 알파벳이 나타내는 숫자로써 그 단어가 지닌 뜻을 풀어 성서를 해석하는 이러한 방법을 게마트리아(Gematria)라고 한다. 이름을 숫자로 표현하는 관습도 그중의 하나다.
유대교의 랍비들, 특히 중세의 카발라주의자들이 많이 사용했다.

히브리어 알파벳은 모두 22자인데, 처음 10자는 차례로 1부터 10까지의 수를 나타내고, 다음의 8자는 차례로 20부터 90까지의 10단위 숫자를 나타내며, 나머지 4자는 차례로 100부터 400까지를 나타낸다.

그러므로 히브리어 철자를 보고 숫자를 계산하여 뜻을 알아내는 방법이다.

히브리어의 '베니 하엘로힘' 즉 '하나님의 아들들(the sons of God)'이란 말을 숫자로 계산하면 '153'이며, 헬라어의 '토우 딕크두온' 즉 '그물(the net)'을 숫자로 계산하면 1,224이며 이는 8×153이다. 그러므로 153은 한 영혼도 빠짐없이 천국에 들어가게 되는 하나님의 자녀들을 말해 준다. 그러므로 'Be 153(153이 되는 것)'은 모든 인간들에게 가장 중요한 것이다. "나를 보내신 이의 뜻은 내게 주신 자 중에 내가 하나도 잃어버리지 아니하고 마지막 날에 다시 살리는 이것이니라"(요 6:39). 그러므로 천국에 들어가게 되는 모든 자들이 '153'이다.

사랑의 사도, 보아너게 요한

사도 요한은 예수님의 수제자인 베드로와 그의 형 야고보와 함께 예수님의 아주 특별한 사랑을 받았다.

주께서 야이로의 죽은 딸을 살리실 때(막 5:37; 눅 8:51), 변화산상에서(마 17:1; 막 9:2; 눅9:28), 겟세마네 동산의 마지막 밤에도(마 26:37; 막 14:33) 주님 곁에는 이 세 사람만 허락하셨다.

부활 아침, 베드로보다 더 먼저 빈 무덤으로 달려갔고(요 20:1-5), 디베랴 호숫가에 찾아오신 예수님을 알아보았다(요 21:7).

자신의 복음서를 기록할 때에 이름을 말하지 않고 "예수께서 사랑하시는 그 제자가 예수 품에 기대어 앉았다"라고 기록한다(요 13:23; 19:26; 20:2; 21:7; 21:20).

이 요한에게 주님이 지어 주신 별명이 있다(막 3:17).

'보아너게' 곧 '우레의 아들'이라 하셨으니 성질이 얼마나 불같았을까.

예수님께서 십자가 위에서 "네 어머니라" 하신 그때로부터 '천둥 아들'은 마리아를 자기 집에 모시고 섬기며 사랑의 사도가 되었다. 예수님께는 친동생인 야고보, 요셉, 시몬, 유다, 그리고 누이들도 있었고 통념대로라면 동생들이 어머니를 모신다(마 13:55-56).

주께서 왕이 되시면 영의정 좌의정 하겠다고 세상의 욕심을 버리지 못하고 끙끙거리는 요한보다 조금도 나을 것이 없는 우리를 주님은 따뜻한 눈으로 바라보신다.

요한에게 어머니를 부탁한 것이 아니라 번개돌이 요한을 어머니께 부탁드린 것 아닐까?

요한은 마리아를 모셔야 했으므로 순교도 못 하고 제자 중에 가장 오래 살면서 「요한복음서」, 「요한 1·2·3서」, 「요한계시록」을 저술했다.

"이 일을 증거하고 기록한 사람이 바로 그 제자이다. 우리는 그의 증거가 참된 것임을 안다. 예수님이 하신 일들이 이 밖에도 많이 있으나 그것을 낱낱이 기록한다면 이 세상에 그 책을 다 둘 곳이 없을 것이다."(요 21:24-25, 현대인의 성경)

네가 나를 사랑하느냐
– 요한복음 21장 15-17절

사랑하는 나의 아버지
영원 전에 내게 이름을 주시고
그 이름으로 나를 불러주신 아버지
당신 닮은 영을 주시고
그로 인해 소망을 갖게 하신 아버지
내게 빛을 주시고
더러움에 찌든 나의 마음을 열어 보여주셔서
죄에 대해 분노하게 하시는 아버지
처음 나의 모습은 어떠하였습니까
나를 지으시고 아름답다고 기뻐하신 아버지
욕심과 교만과 불순종에 얽혀
어둠 속을 헤메일 때
당신의 가슴은 또 얼마나 아프셨습니까
때로는 솟구쳐 오르기도 하고
때로는 곤두박질치며 내닫기도 하고
때로는 당신의 침묵 앞에 무너져 내리기도 하지만
어느 날 새벽 찬 이슬 속에서
네가 나를 사랑하느냐 물으시고

이 사람들보다 나를 더 사랑하느냐 물으시면
저린 가슴에 두 손 얹고 고개만 끄덕이며
내가 주님을 사랑하는 줄을 주께서 아시나이다
언젠가 그 어느 날, 당신 앞에 서는 날
기쁨의 찬양 부를 때
목이 터져 가슴이 터져
온전하신 당신의 사랑 안에
영원히 거할 것입니다
오직 하나
참 마음으로
영의 아버지
당신을 사랑합니다

제4부
임마누엘

성령이 임하셨다
- 사도행전 2장 1-4절

예수께서 부활하신 후 친히 확실한 증거를 보이시고 40일 만에 하늘로 올려지셨다. 흰옷 입은 두 사람이 곁에 서서 "너희 가운데서 하늘로 올려지신 예수는 하늘로 올라가심을 본 그대로 다시 오시리라."(행 1:11-12)

감람산이었다.

승천하실 때 오백여 명이 함께 있었던 것 같다(고전 15:6).

주께서 세 가지를 당부하셨다(행 1:4-5).

첫째, 예루살렘을 떠나지 말고 아버지께서 약속하신 것을 기다려라. 둘째, 몇 날이 못 되어 약속하신 성령으로 세례를 받으리라. 셋째, 성령이 임하시면 권능을 받고 땅끝까지 나의 증인이 되리라. 성령 하나님께서 오실 것을 약속하셨다.

제자들은 예루살렘으로 돌아와 어머니 마리아와 동생들과 약 백이십여 명이 마음을 같이하여 오직 기도에 힘쓰더니 오순절 아침 성령 하나님께서 임하셨다(행 2:3).

홀연히 하늘로부터 급하고 강한 바람 같은 소리가 온 집에 가득하고 불의 혀처럼 갈라지는 것이 각 사람 위에 하나씩 임하셨다.

얼마나 소리가 컸는지 예루살렘에 방문 중인 세계 각국

사람들이 다락방으로 달려왔다.

북이스라엘은 BC 721년, 남 유다는 BC 586년 망하고 바벨론 포로로 끌려가면서 많은 디아스포라 유대인들이 있었다.

세계 곳곳에 흩어져 있는 유대인 디아스포라들이 이해할 수 있도록 각자 살고 있는 나라, 그곳 언어로 제자들이 말하였다.

때는 오순절 아침 오전 9시, 유대 시간으로 제삼시였다 (행 2:15).

구약은 성부 하나님께서 주관하시고 신약은 성자 하나님께서 친히 이 땅에 오셨으며 오순절, 성령 하나님 강림하신 후 오늘까지 성령께서 주관하신다.

"내가 떠나는 것이 너희에게 유익하니 내가 가서 보혜사 성령을 내 이름으로 보내겠다."(요 16:7)

"나를 믿는 자는 나보다 더 큰 일을 행하리라."(요 14:12-17)

베드로가 달라졌다
- 사도행전 2장 14-41절

갈릴리 어부였던 베드로가 달라졌다.

부활하신 예수님을 뵙고도 물고기나 잡겠다고 갈릴리로 돌아가는 천상 어부였던 베드로가 성령이 임하시자 그 순간 변했다.

오순절 그의 설교는 요엘 선지의 예언으로 시작하여 다윗으로, 구속하신 그리스도의 증인으로, 듣는 이의 마음을 찔렀다.

회개하고, 세례를 받으면, 죄 사함을 얻고, 성령을 값없이 선물로 주신다는 약속을 듣고 세례를 받은 신도의 수가 그날 하루에 삼천 명이었다(행 2:41).

성령은 '거룩한 영'으로 히브리어 '루아', 희랍어 '프뉴마'인데 숨, 기운, 바람, 생기라는 의미가 있다.

성령은 우리 안에 거하시며 우리와 함께 살기를 원하신다.

마음의 문을 열면 즉각 들어오신다.

"내가 문 밖에 서서 두드리노니 누구든지 내 음성을 듣고 문을 열면 내가 그에게로 들어가 그와 더불어 먹고 그는 나와 더불어 먹으리라"(계 3:20)

문을 열 수 있는 손잡이가 우리 안에 있다.

우리가 성령의 뜻대로 살면 그 기쁨을 이기지 못하시며 (습 3:17) 우리를 통해 세상을 바꾸신다.

한 번 우리 안에 들어오시면 절대로 떠나시는 법이 없다.

자기 사람을 사랑하시되 끝까지 사랑하신다(요 13:1).

우리를 그리스도의 사랑에서 끊을 자가 없다(롬 8:35).

성령의 뜻대로 살지 못하면 내 속에 계신 성령께서 우리의 연약함을 도우시며 말할 수 없는 탄식으로 우리를 위하여 친히 간구하신다(롬 8:26).

성령의 임재로 하나님의 백성이 되고
성령이 충만하면 세계를 바꾼다.
삼위는 언제나 함께 일하신다.

성령이 오시면 사람이 달라진다

"하나님이 말씀하시기를 말세에 내 영을 모든 육체에 부어 주리니 너희의 자녀들은 예언할 것이요 너희의 젊은이들은 환상을 보고 너희의 늙은이들은 꿈을 꾸리라. 그때에 내가 내 영을 내 남종과 여종들에게 부어 주리니 그들이 예언할 것이요 누구든지 주의 이름을 부르는 자는 구원을 얻으리라."
(욜 2:28)

본래 학문이 없는 범인, 어부인 줄 알았던 베드로의 설교를 듣고 대제사장과 사두개인들과 공회 민중들이 모두 다 놀라워하며 다시는 예수의 이름을 선포하지 말 것을 엄히 경고하고 위협하였다.

그러나, 오순절 성령 강림하신 후 제자들이 달라졌다.

"우리는 보고 들은 것을 말하지 아니할 수 없다"(행 4:20)

사도들을 통하여 놀라운 일과 기적이 많이 나타나자 사람들은 모두 하나님을 두려워하게 되었다. 믿는 사람들이 다 함께 있어 모든 물건을 통용하고 또 재산과 소유를 팔아 각 사람의 필요를 따라 나눠 주며 날마다 마음을 같이하여 성전에 모이기를 힘쓰고 기쁨과 순전한 마음으로 하나님을 찬미하며 온 백성에게 칭송을 받으니 구원받는 사람을 날마다 더하게 하셨다(행 2:43-47).

사도들이 손을 내밀어 병을 낫게 하며, 기사와 표적이 예수의 이름으로 이루어지기를 기도하매 모인 곳이 진동하더니 다 성령이 충만하여 담대히 하나님의 말씀을 전하였다(행 4:31).
가난한 자와 부유한 자의 구별이 없어졌다.
소유는 삶을 풍요롭게 하지만 마음에 벽을 쌓는다.
언제나 욕심이 잉태하여 죄를 낳는다.
성령이 오시면 사람이 달라진다.
믿는 사람들은 모두 한마음 한뜻이 되어 아무도 자기 재산을 제 것이라 하지 않고 모든 것을 서로 나누어 썼다.

초대 기독교인들은 이미 천국 생활을 이 땅에서 이루고 살았다.

근원적 욕심
- 사도행전 5장 1-11절

아나니아와 삽비라는 부부였고 초대교회 교인이었다.

자기 소유를 팔아 그중의 일부를 감추고 전부인 것처럼 속여 베드로의 발 앞에 드렸으나 그 자리에서 엎드러져 혼이 떠났다.

재산의 일부를 감추고 속인 것이 잘못이지만, 실제적 죄명은

"성령을 속이고, 주의 영을 시험"(행 5:3-9)하였기 때문이다.

성령을 모독하는 것은 사함을 얻지 못한다(마 12:31; 막 3:29; 눅 12:10).

주께서 잡히시던 날 밤, 모든 제자들의 발을 씻겨 주셨다.

가룟 유다가 주께서 사랑하심을 한 번만 바라보았다면 그 밤에 나가지 않았으리라. 골고다 십자가 보혈로 대속받지 못할 죄인은 하나도 없으나 주님 사랑을 거부하면 사함이 없다.

베드로는 주님과 눈을 맞추고(눅 22:61) 심히 통곡하였다.

태초에 하나님께서 천지를 창조하시고 저녁이 되고 아침이 되니 "하나님이 보시기에 심히 좋았더라." 그러나 어느 날

욕심이 싹트고 그 나무의 이름이 선악과였다. "보암직하고 먹음직해서"(창 3:6) 먹지 말라 하신 말씀을 거역하였으나 근원적 원인은

"이 실과를 먹으면 눈이 밝아져 하나님같이 되어 선과 악을 알게 되리라"(창 3:5), '하나님처럼' 되고 싶었다.

아담의 원죄 후에 인간은 스스로 의로움을 잃어버렸다.

에덴에서 아담과 하와는 성부 하나님께 교만했고
가룟 유다는 성자 하나님의 사랑을 거부했고
아나니아 삽비라는 성령 하나님을 모독했다.

"마귀를 대적하라 그리하면 너희를 피하리라 하나님을 가까이하라 그리하면 너희를 가까이하시리라"(약 4:7-8)

스데반의 순교

스데반이 성령 충만하여 하늘을 우러러 하나님의 영광과 예수께서 하나님 우편에 서신 것을 보고 말하되 군중들이 큰소리를 지르며 그에게 달려들어 성 밖으로 내치고 돌로 치니… "주 예수여, 내 영혼을 받으소서. 이 죄를 저들에게 돌리지 마옵소서." 이 말을 하고 자니라(행 7:55-60).

세계적 거장인 물방울 작가 김창열 화백께서는 남편(신성희 화백)의 고등학교 은사이시다. 신 화백 1주기 추모전이 프랑스 '이브린' 문화원에서 주관하여 열렸다. 전시 포스터가 쌩 껑뗀 전 지역의 거리마다 넘쳐 흐르고, 전시 오픈 날 선생님이 오셨다. 저녁 식사 중에
"성희는 예수도 잘 믿고 든든한 하늘 빽도 있는데 왜 그렇게 일찍 갔을까?"

예수를 믿으면 복을 받는 것은 사실이다.
영혼이 잘됨같이 범사에 모든 일이 강건하고 형통하리라는 축복의 말씀은 오늘도 진리이다(요삼 1:2).
그러나 예수님은 33살에 십자가에 달리셨고, 제자 열두 명

중 사도 요한은 장수하였으나 밧모 섬에 유배되었고, 다른 열 명의 제자들은 모두 순교했다.

흙으로 빚어진 우리의 육체는 흙으로 가고 하나님께서 불어넣어 주신 영혼은 하나님께 돌아간다.
우리는 "죽었다"고 말하면서 "돌아가셨다"고 이해한다.
그때가 언제일지는 하나님만 아신다.
생명을 주신 하나님께서 주관하시므로 장수하는 것도 복이고, 하나님 옆으로 일찍 돌아가는 것도 축복이다.

스데반을 성 밖으로 내치고 돌로 칠새 증인들이 옷을 벗어 사울이라는 청년의 발 아래 두니 … 사울은 스데반의 죽임당함을 마땅히 여기었다(행 7:58; 8:1).

사울이 주님을 만나다 (바울의 회심)

바울은 유대 사회에서 진골이었고 부유한 가문에서 자랐으며 유학파이고 로마 시민권이 있었다.

AD 5년경 터키 다소에서 출생했다.

예수님의 제자들은 베드로를 비롯하여 대부분 갈릴리 출신 어부들이었다. 하나님의 섭리와 예정하심으로 예수님과 동시대였으나 생전에 뵙지 못했고, 당시 기독교를 이단이라고 생각한 것 같다. 스데반의 순교를 마땅하다고 생각했다(행 8:1).

"누구든지 막론하고, 잡아 죽이려고, 살기가 등등하여," 예루살렘에서 북쪽으로(약 240km 거리), 초대 기독교인들이 모여 살던 다메섹으로 달려가다가 주님을 만났다.

"홀연히 하늘로부터 빛이 그를 둘러 비추는지라
땅에 엎드러져 들으매 소리가 있어 이르시되 사울아 사울아 네가 어찌하여 나를 박해하느냐 하시거늘 대답하되 주여 누구시니이까 이르시되 나는 네가 박해하는 예수라"(행 9:3-5)

바울은 즉시 회개하고 돌아섰다.

광야에서 외치는 세례 요한의 첫 선언도

이 세상을 향한 예수님의 첫 말씀도 "회개하라"이었다.

"세례 요한이 유대 광야에서 전파하며 말하되 회개하라 천국이 가까이 왔느니라"(마 3:1)

"예수께서 비로소 전파하여 이르시되 회개하라 천국이 가까이 왔느니라"(마 4:17)

'회개(悔改)'는 잘못을 뉘우치고 후회한다는 의미이지만
헬라어 원어는 '메타노이아'로 '방향 전환'을 의미한다.
감정적 마음의 변화도 중요하지만 의지와 행동의 변화이다.
서쪽으로 가던 길을 돌아서서 동쪽으로 목적이 바뀌는 것이다.
탕자가 아버지 계신 곳으로 돌아오는 것이다.

바울의 신학은 이곳 다메섹에서 시작되었다.
신약성서 27권 중 13권을 기록했다.

사도 바울

초대교회는 예수님의 친동생 야고보와 사도들을 중심으로 복음의 기쁜 소식들이 전파되었다. 가룟 유다를 대신하여 맛디아를 뽑을 때 사도의 자격을 정했는데(행 1:21-22)

첫째, 요한의 세례로부터 주께서 승천하신 날까지 항상 함께 다니던 사람이어야 한다. 둘째, 예수 부활하심의 증인이어야 한다.

바울은 사도로서 자격 미달이었다.

다메섹 사건 이후 3년을 아라비아에서 체류하고(갈 1:17)

AD 37년, 예루살렘을 방문하였으나(행 9:26) 예수님의 친동생 야고보를 제외하고 다른 제자들은 모두 바울의 회심을 믿지 않았고, 두려워하여 죽이려 하니 바나바가 고향 다소로 보냈다.

바나바는 초기 기독교 공동체에 자신의 밭을 팔아 사도들의 발 앞에 드렸으며(행 4:36-37) 바울의 믿음의 동역자가 되어 AD 46년 안디옥으로 바울을 불렀다.

이듬해 바울이 회심한 지 14년 만에 예루살렘을 다시 방문하였다.

"베드로에게 역사하사 그를 할례자의 사도로 삼으신 이가 또한 내게 역사하사 나를 이방인의 사도로 삼으셨으며, 또 교회의 기둥같이 여기는 예수님의 동생 야고보와 베드로와 요한도 내게 주신 은혜를 알므로 나와 바나바에게 친교의 악수를 하였으니, 우리는 이방인에게로 그들은 할례자에게로 가게 하려 함이라."(갈 2:8-9)

유대인 남자는 태어난 지 8일 만에 할례를 받도록 하나님께서 명령하셨고 이를 구원의 징표로 굳게 믿었다(창 17:10).

바울은 할례받지 않은 이방인에게 '오직 믿음으로' 구원을 얻게 하는 복음을 전파하였다.

"복음에는 하나님의 의가 나타나서 믿음으로 믿음에 이르게 하나니 기록된 바(합 2:4) 오직 의인은 믿음으로 말미암아 살리라 함과 같으니라"(롬 1:17)

'오직 믿음'은 1517년 루터의 종교개혁 중심 기둥이 되었다.

부르심과 일컬음

바나바는 착한 사람이요, 성령과 믿음이 충만한 사람이었다…….

사울을 찾으려 다소로 가서 안디옥으로 함께 와 교회에서 일 년간 큰 무리를 가르쳤고 제자들이 안디옥에서 비로소 '그리스도인'이라 일컬음을 받게 되었더라(행 11:24-26).

처음으로 안디옥에서 기독교인이라는 이름으로 불리었다.

아브람이 여호와를 믿으니 여호와께서 이를 그의 의로 여기시었고(창 15:6; 롬 4:5; 갈 3:6) '아브라함'이라 새 이름으로 불러 주시고(창 17:5) 열국의 아버지가 될 것을 약속하셨다.
유대교, 기독교 믿음의 조상이 되었다.

야곱은 어머니 리브가의 태 속에 있을 때 여호와께서 이르시되 "큰 자가 어린 자를 섬기리라"(창 25:23), 태어나기도 전에, 무슨 선이나 악을 행하기도 전에 야곱은 사랑하고 에서는 미워했다(말 3:1; 롬 9:13). 얍복 강 가에서 천사와 씨름하다가 하나님과 겨루어 이기었다는 뜻으로 '이스라엘'이라

새 이름으로 불러 주시고(창 32:28) 이스라엘 열두 지파를 이루게 하셨다.

아들을 낳으리니 그 이름을 '예수(여호와는 구원이시다)'라 하라. 이는 그가 자기 백성을 저희 죄에서 '구원할 자'이심이라 (마 1:21).
안드레가 자기의 형제 시몬을 찾아 말하되 우리가 메시야를 만났다 하였고(메시야는 번역하면 그리스도라)(요 1:41)
메시야는 히브리어로 기름 부음 받은 자라는 어원이 있으며, 헬라어 번역이 그리스도이다.

안드레와 시몬을 보시고 예수께서 가라사대 네가 요한의 아들 시몬이니 장차 '게바'라 하리라(게바는 번역하면 베드로라)(요 1:42).
"너는 '베드로'라 내가 이 '반석' 위에 내 교회를 세우리니" (마 16:18)

이름은 존재와 부름에 합당한 자격과 의무가 주어지고
은혜와 축복의 열매를 맺는다.

좁은 문

한 나그네가 길을 가다가 작은 문 앞에 서게 되었다.
그 문 위에 이렇게 쓰여 있었다.
"누구든지 이 문으로 들어오는 자는 구원을 얻으리라!!"
무심결에 그 문으로 들어가서 한참을 걸어가다가 문득 돌아보게 되었는데 그 문 뒤편에 이런 글이 쓰여 있었다.
"내가 너를 택하였단다!!"
"내가 너를 구속하였고 내가 너를 지명하여 불렀나니 너는 내 것이라"(사 43:1)
우리는 이 세상을 살아가며 크고 작은 일들을 겪게 되는데, 내가 계획하고 실행하였다고 생각하며 산다. 그러나 오랜 시간이 지나고 되돌아보면 순간순간 언제나 함께하셨던 놀라운 분의 섭리를 깨닫게 하신다.
하나님이 동행하셨고 이 일을 이루셨구나-!
우리의 일거수일투족을 다 알고 계심을 고백하며, 믿으며, 무릎 꿇고, 가슴 여민다.
"창세 전에 … 우리를 택하사 … 우리를 예정하사 … 예수 그리스도로 말미암아 자기의 아들들이 되게 하셨으니 … 우리에게 거저 주시는 바 그 은혜의 영광을 찬송하게 하려는

것이라"(엡 1:4-6)

  내 영혼의 아버지, 나의 하나님은 이런 분이시다.
  "주께서는 나의 앉고 일어섬을 아시며 … 나의 길과 … 나의 모든 행위를 익히 아시오니 … 내 혀의 말을 알지 못하시는 것이 하나도 없으시니이다 … 이 지식이 내게 너무 기이하니 높아서 내가 능히 미치지 못하나이다 … 주께서 내 장부를 지으시며 나의 모태에서 나를 조직하셨나이다 … 나를 지으심이 신묘막측하심이라 … 내 형질이 이루기 전에 … 나를 위하여 정한 날이 하나도 되기 전에 주의 책에 다 기록되었나이다"(시 139:2-4, 6, 13-14, 16, 개역한글)

  이루어지고 나면 알게 된다.
  이루어지기 전에 깨닫는 것이 은혜이다.

나의 멍에를 메고 나를 배우라
– 마태복음 11장 28-30절

멍에는 말이나 소의 목에 가로로 얹어서 수레나 쟁기를 끌게 하는 나무 막대이다. 험한 밭을 갈게 되면 '겨리소'라 하여 두 마리를 나란히 세우고 둘을 하나로 연결하는 통나무 멍에를 얹는다.

농부는 경험이 많고 힘이 센 소를 오른쪽에 세우고, 그 소를 '안소'라 불렀고, 아직 일이 서툴고 어린 소는 왼쪽에 세웠는데 그 소를 '마랏소'라 불렀다. 멍에는 양쪽의 기울기를 다르게 하여 힘들고 무거운 일은 안소가 다 하며 마랏소를 훈련한다.

송아지가 있을 경우 어미 소와 함께 '겨리소'를 한다.
멍에를 함께 메고 엄마 곁에 서서 밭을 가는 송아지는 마치 자기가 쟁기를 끌고 밭을 간다고 생각하니 스스로 자랑스럽고 신이 난다. 어미 소는 힘들지만 곁에 있는 송아지가 대견하고 기쁘다. 멍에를 메어야 짐도 끌고 밭도 갈고 연자맷돌도 굴리며 세상을 이길 힘을 얻는다.

유대인은 13세가 되면 정신적으로 종교적으로 독립하면서 성인식(바르 미츠바 : 율법의 아들)을 하는데, "토라의 멍에를 메고, 계약의 아들이 될 것"을 선서한다.

스승과 제자가 되는 것은 멍에를 같이 진다는 것을 의미하고 토라의 랍비는 수업료를 받지 않는다.

"내 멍에는 쉽고 가벼우니 내게 배우라."(마 11:30)

농부가 가끔 드는 회초리는 오른손에 있고 매를 맞는 것은 마랏소이다.

예수님께서는 고난을 받으시고 수욕당하시고 비난받으시고, 그리고 십자가에 죽으셨다. 이것이 예수님께서 메신 멍에이다. 이 멍에를 함께 메자고 하시면서 "내 멍에는 쉽다"고 말씀하신다.

예수님께서 당신의 멍에가 쉽다고 하신 것은, 잘 맞는다, 가장 적합하다, 무겁지 않다, 기쁘다는 뜻이다. 그리고 이 단어의 뜻은 한 걸음 나아가, 잘 익은 포도주와 같이 달콤하다는 의미이다.

오른편에 계신 하나님과 함께 멍에를 메고 짐을 대신 져 주심을 경험하고 배우는 것이다.

'쉽다'의 헬라어는 '크레스토스'인데 몸에 꼭 맞는다, 편안하다, 부드럽다는 뜻이 있다.

멍에가 내 몸에 꼭 맞으면 무겁지 않고 힘들지 않다.

주님이 만들어 주신 멍에는 부드럽고 편안하여 내 몸에 꼭 맞는다.

아버지 요셉이 목수셨으니(마 13:55; 막 6:3) 우리 예수님께서 멍에도 만드셨을까? 즐거운 상상을 해 본다.

아무리 무거운 짐도 내가 좋아서 하면 가볍게 느껴지는 것이다. 여기서 가볍다는 말씀은, 무게를 느낄 수 없을 정도로 정말 가벼운 것을 말씀하시는 것이다. 이 말을 어거스틴(Augustine)은 새의 깃털에 비유하여 설교하였다. 새의 깃털이 창공을 자유롭게 날 수 있는 것만큼, 가벼운 것이라고 하였다.

오래 신은 신발 같은 멍에는 새의 깃털처럼 가볍다.

한 사람

"한 사람으로 말미암아 죄가 세상에 들어오고 죄로 말미암아 사망이 들어왔나니 … 한 사람이 순종하지 아니함으로 많은 사람이 죄인 된 것 같이 한 사람이 순종하심으로 많은 사람이 의인이 되리라"(롬 5:12, 19)

하나님 앞에 서면 누구나 한 사람이다.

어떤 사람이 양 백 마리가 있는데 그중에 한 마리를 잃으면 아흔아홉 마리를 들에 두고 그 잃은 양을 찾기까지 험한 골짜기를 헤매고 찾은즉 즐거워 어깨에 메고 집에 와서 친구들을 불러 기뻐 잔치를 한다.
죄인 한 사람이 회개하면 하늘에서는 회개할 것 없는 의인 아흔아홉으로 말미암은 기쁨보다 더 기뻐하신다(눅15:3-7)

이 땅에 악이 가득하여 노아의 여덟 가족만 구원 얻어 인류의 새로운 조상이 되게 하셨지만, 소돔 고모라는 죄인이 넘쳐서 벌하신 것이 아니라 의인 열명이 없어서 그 땅을 엎으셨다.

태양계를 승용차 핸들 크기만큼 축소하면 지구는 한 점에 불과하다고 하는데
내가 보이시기는 하실까?
하나님은 티끌 같은 나 하나를 지극히 사랑하신다.

나 하나 위하여 하늘 땅 만드시고
나 하나 위하여 해와 달 만드시고
나 하나 위하여 시간과 역사 이루시고
나 하나 위하여 골고다 십자가 지시고
나 하나 위하여 영원한 안식을 준비하셨다.

하나님은 한 영혼을 전 우주만큼 사랑하신다.
나의 몸무게는 우주 전체 무게와 같다.

사랑의 확증
– 로마서 5장 7절

우리의 영은 하나님이 주셨다.
흙으로 사람을 지으시고 그 코에 생기를 불어넣어 주시니
사람이 생령이 되어, 하나님과 대화할 수 있고 하나님께서 친구라 불러 주시며, 하나님이 우리 속에 살게 하신 성령이 질투하기까지 우리를 사랑하신다.
하나님께서 인생을 보셨는데 선을 행하는 자가 하나도 없었다. 율법의 행위로 의롭다 하심을 얻을 육체가 단 한 명도 없었다. 그럼에도 불구하고
세상에 있는 자기 사람들을 사랑하시되 끝까지 사랑하시어, 우리가 아직 죄인이었을 때 우리를 위하여 죽으심으로
우리에 대한 당신의 사랑을 확증하셨다.

"할아버지 뒷모습을 똑 닮았어."
걸어가는 아들을 보며 권사님들이 말씀하신다.
등이 두텁고 약간 앞으로 굽히며 걷는 모습이 똑같다.
자녀는 부모를 닮는다.
찡그리는 눈짓, 말할 때 손 모양, 언뜻 본 옆모습이 닮았다.

우리는 하나님을 닮았다.

하나님이 이르시되 우리의 형상을 따라 우리의 모양대로 우리가 사람을 만들고 온 땅을 다스리게 하자.

피조물 중에서 오직 사람만이 하나님의 존재를 알 수 있으며

서로 사랑을 주고받을 수 있는 인격적 관계이다.

사랑은 자기 자신을 주는 것이다.

사랑을 받는 사람은 그것을 주는 주체의 모습을 닮아 간다.

우리는 하나님을 닮은 하나님의 자녀이다.

자녀가 부모를 닮아

그 모습이 표출되는 것은 당연하며

바라보는 부모의 마음은 행복하다.

하나님도 우리를 바라보시며 기뻐하셨으면 좋겠다.

기적은 오늘도

베드로가 두 군사 틈에서 두 쇠사슬에 매여 누워 자는데 홀연히 주의 사자가 곁에 서매 옥중에 광채가 빛나며 그 손에서 쇠사슬이 벗어지더라(행 12:5-7).

바울과 실라를 깊은 옥중에 가두고 그 발을 차꼬에 든든히 채웠더니… 갑자기 큰 지진이 나서 매인 것이 다 벗겨졌다(행 16:24-26).

1952년 6월 25일 전쟁 중에 군목으로 군 복무 중이시던 아버지는 빨치산 포로가 되었다.

어느 날 아침, 한 사람씩 포승줄로 손목을 묶인 채 산속으로 이동하였는데, 그날 총살당할 것을 예감하며 찬양을 불렀다.

"태산을 넘어 험곡에 가도 빛 가운데로 걸어가면-"

바로 그때 그 마을의 표지판을 보았다.

신(神) 광(光), "하나님의 빛,

빛 가운데로 걸어가면, 하늘의 영광, 하늘의 영광."

하나님의 빛이 비치었고 마음이 뜨거워지며 힘차게 찬양을 하였다. 잠시 후 "모두 그 자리에 서라!"는 명령이 내려지고 아버지는 마지막 순간이라고 직감했다.

바로 그 순간, 또 하나의 음성이 들렸다.

"운! 상! 아! 뛰어라-!!!"

누군가가 앞으로 내달릴 수 있게 오른쪽 등을 힘 있게 쳐주었다. 당시 포로가 십여 명이 넘었고, 양 손목은 두꺼운 줄로 묶였으며 앞뒤로 줄줄이 엮여 한 줄로 끌려가고 있었는데, 어떻게 포승줄이 풀렸는지, 등 뒤에서 수없이 발사되는 총소리를 들으며 무조건 산속으로 뛰었다.

머나먼 길을 헤치고 한밤중에 해골이 다 되어 돌아오셨다.

사도행전의 베드로와 바울의 기적은
1952년 그 가을에도
그리고 오늘도 계속된다.

일용할 양식을 주옵시고

"하나님이 이르시되 온 지면의 씨 맺는 모든 채소와 씨 가진 열매 맺는 모든 나무를 너희에게 주노니 너희의 먹을거리가 되리라"(창 1:29)

가을바람 선선하니 감나무는 더욱 붉은빛을 띤다.
태양에너지가 영글고 있다.
식물은 태양의 빛을 에너지로 변환시킨다.
동물은 식물이 맺어 놓은 열매로 에너지를 얻는다.
모든 씨 맺는 채소와 씨 가진 나무 열매를 일용할 양식으로 주셨다.
천지를 창조하실 때 빛을 먼저 만드신 이유였을 것이다.
지구가 자급자족하도록 태양계를 만드셨다.

"여호와 하나님이 땅의 흙으로 사람을 지으시고 생기를 그 코에 불어넣으시니 사람이 생령이 되니라"(창 2:7)

우리 영도 일용할 양식을 먹어야 산다.
말씀을 먹지 못한 영혼은 하나님을 알지도 못하고
하나님을 찾지도 않는다.
"하나님 여호와를 기억하라. 너를 낮추시며 너를 주리게 하시며 또 너도 알지 못하며 네 조상들도 알지 못하던 만나를 네게 먹이신 것은 사람이 떡으로만 사는 것이 아니요 여호와의 입에서 나오는 모든 말씀으로 사는 줄을 알게 하려 하심이니라."(신 8:3)

"예수께서 대답하여 이르시되 기록되었으되 사람이 떡으로만 살 것이 아니요 하나님의 입으로부터 나오는 모든 말씀으로 살 것이라 하였느니라"(마 4:4)

가을은 오곡백과가 익는 계절이다.
먹거리가 풍성해지는 계절에 육은 오곡백과로 살찌우고,
영은 하나님의 말씀으로 부요해져야 한다.

먹으면 살고 먹지 않으면 죽는다.

미리 정하신 그들을 부르시고

그의 뜻대로 부르심을 입은 자들에게는 모든 것이 합력하여 선을 이루느니라. 미리 정하신 그들을 부르시고 의롭다 하시고 그들을 영화롭게 하셨느니라(롬 8:28-30).

하나님의 부르심에는 의지와 뜻과 목적이 있다.

베드로는 "그물을 던지는 것을 보시고"(마 4:18)
요한과 야고보는 "그물 깁는 것을 보시고"(마 4:21)
마태는 "세관원에 앉아 있는 것을 보시고" 부르셨다(마 9:9).
갈릴리로 가시다가 빌립을 만나 직접 나를 따르라 하시고(요 1:43) 빌립은 단짝 친구 나다나엘에게 메시아를 만났으니 "와 보라" 전도하고, 주님 앞에 온 나다나엘에게 "내가 너를 무화과나무 아래 있을 때 이미 보았단다, 네 속에 간사한 것이 없구나"라고 벌써 알고 계셨다(요 1:45-51).

열두 제자 중 열한 명이 갈릴리 사람이고, 가룟 마을에서 온 유다만 유대 지방 사람이다.

사울은 예수님과 동시대를 살았으나 생전에 뵙지 못했고, 승천하신 후 다메섹으로 가는 길에 직접 찾아와 주셨으며 다소 지방 출신 유대인이다.

예수님은 만나자마자 이름을 바꾸어 주시기도 하고,
별명을 붙여 주기도 하셨다.

시몬을 베드로라 하시고, 요한과 야고보는 보아너게, 천둥 번개돌이라 하고, 사울을 바울(행 13:9) 되게 하신다.

제자들은 거의 갈릴리 어촌에 사는 평범한 어부들이었고 모두 자기 일터에서 성실하게 일하는 사람들이었다.
우리는 누구에게나 한 가지씩 잘하는 일이 있다.
주님은 그것을 들어 쓰신다.

물고기 낚는 것을 보시고 사람 낚는 일감을 맡겨 주신다.

사울이 바울 되는 변화의 힘

사울은 스데반을 돌로 친 증인들의 옷을 맡았던 자로 사도행전에 처음 등장한다(행 7:58).
사울은 스데반의 죽임당함을 마땅히 여겼다(행 8:1).
사울이 교회를 진멸할새 여전히 위협과 살기가 등등하여 남녀를 막론하고 결박하여 잡아 오려 함이라(행 9:1-2).
사울은 다메섹에서 예수님을 직접 뵙고(행 9:3)
확실하게 방향 전환을 했지만, 유대교 전통에 열심이었다.
"나는 유대인으로 길리기아 다소에서 났고 가말리엘 문하에서 엄한 교육을 받았고 하나님께 대하여 열심히 있는 자이다."

회심한 지 14년이 지난 후
"성령과 믿음이 충만한 사람, 바나바는 사울이 태어난 다소까지 찾아가 사울과 함께 안디옥으로 와서 일 년간 큰 무리들을 가르치매 그때 비로소 그리스도인이라고 불리게 되었다."(행 11:24-26)
사도행전의 기록자 누가는 초기에 사울이라 기록하였으나
"바울이라고 하는 사울이 성령이 충만하여(행 13:9)"

비로소 바울이라 기록하고 그 후 모든 성경에 바울로 기록되었다. 사울은 히브리어 이름이고 바울은 헬라어 이름이다.
당시는 헬라어 중심이어서 이방인에게 헬라어가 친숙했음이라.
"이 복음은 먼저는 유대인에게요 그리고 헬라인에게로다."
"베드로에게 역사하사 그를 할례자의 사도로 삼으신 이가 또한 내게 역사하사 나를 이방인의 사도로 삼으셨느니라"(갈 2:8)

사울은 예수님께서 친히 가정교사가 되셔서 필요할 때마다 직접 나타나 알려 주시고 확신을 주셨으며
성령의 충만함으로 바울 되게 하셨다.

역사는 그리스도를 기점으로 BC와 AD로 나뉜다. 누구에게나 생의 전환점이 있다. 사람은 예수 영접하기 전과 영접 후로 인생이 갈린다. 나는 지금 어디에 있을까?

바울복음

구약은 온전히 하나님과 유대 민족의 역사 이야기이고, 하나님께서 "이 백성은 내가 나를 위하여 지었나니 나를 찬송하게 하려 함이니라"(사 43:21) 하시고 그들에게 계명과 말씀을 맡겼으며 그들의 역사 속에 직접 간섭하셨다.

신약의 복음, 기쁜 소식은 메시아의 약속대로 예수 그리스도께서 모든 세상의 죄를 책임져 주시기 위하여 육신을 입고 이 땅에 오신 하나님이시며, 예수님 다시 오실 것을 선포하였다.

"하나님이 세상을 이처럼 사랑하사 독생자를 주셨으니 이는 그를 믿는 자마다 멸망하지 않고 영생을 얻게 하려 하심이라"(요 3:16)

누구든지 믿는 모든 자에게 구원의 기쁜 소식을 전하면서도 초기 기독교에서는 할례받지 않은 이방인에게는 구원이 없다고 생각하는 무리도 있었던 것 같다.

바울은 그의 복음서에
하나의 숨겨 놓은 비밀이 있다고 말한다.

이 비밀은 영원부터 만물을 창조하신 하나님 속에 감추어졌던 그리스도의 비밀인데 이방인들이 복음으로 말미암아 그리스도 예수 안에서 함께 상속자가 되고 함께 지체 되고 함께 약속에 참여하는 자가 되었으며 내게 주신 하나님 은혜의 선물로 내가 그 일꾼이 되었다고 기록한다(엡 3:3-13).

"이 신비는 이방인의 충만한 수가 들어오기까지 이스라엘의 더러는 우둔하게 된 것이라. 그리하여 온 이스라엘이 구원을 받으리라. 그들이 넘어짐으로 구원이 이방인에게 이르러 이스라엘로 시기 나게 함이니라. 하나님의 이 구원이 이방인에게로 보내어진 줄 알라."(롬 11:25-26; 롬 11:11; 행 28:28)

"베드로를 할례자의 사도로 삼으신 이가 또한 나를 이방인의 사도로 삼으셨으니, 우리는 이방인에게로, 그들은 할례자에게로 가게 하려 함이라."(갈 2:8-9)

바람 같은 성령

가을이다. 바람이 분다.
오색 단풍이 온 산을 덮고 나뭇잎들이 가지 위에 펄럭인다.
아침 햇살에 땅 위에 떨어진 낙엽들은 팔랑이며 재잘대며 바람과 함께 이리저리 구르며 골목길을 누비고 어깨동무 마주 보고 까르르 웃음꽃 피운다.
목소리 높여 할렐루야 하나님을 찬양하는 것 같다.

나무 잎새들이 가지 위에 펄럭이는 것을 보며 우리는 바람이 부는 것을 알 수 있다. 눈에 보이지 않을 뿐이다.
예수님께서 니고데모에게 친절하게 설명해 주셨다(요 3:8).
"바람이 임의로 불되 네가 그 소리는 들어도 어디서 와서 어디로 가는지 알지 못하나니 성령으로 난 사람도 다 그러하니라."
성령은 바람 같고, 불의 혀 같고, 물 같고, 풀 위에 내리는 비 같고, 땅을 적시는 소낙비 같으며, 비둘기같이 임하셨다 (행 2:3; 요 4:14; 7:37; 시 72:6; 마 3:16).

삼위는 천지를 창조하실 때부터 언제나 항상 함께 일하

신다.

태초에 하나님께서 천지를 창조하실 때 하나님의 영은 수면에 운행하셨고(창 1:2)

태초에 말씀이 하나님과 함께 계셨으며 이 말씀이 육신이 되어 우리 가운데 거하시고(요 1:1-14)

예수님은 성령으로 잉태되셨으며(마 1:18-20)

잡히시던 날 밤 겟세마네 동산에 천사가 하늘로부터 나타나 힘을 더하셨고(눅 22:43)

성령에 이끌리어 마귀에게 시험받으러 광야로 가셨다(마 4:1).

그를 본 자는 아버지를 보았고 아버지께서 그의 안에 계셔서 아버지의 일을 하신다(요 14:9-10).

바람은 어디서 와서 어디로 가는지 보이지 않지만 존재한다.

성령도 이와 같다.

천금보다 귀했다 1

1970년 한강에는 아파트보다 모래가 더 많았다.

후암동에서 이촌동으로 온 교회가 출애굽 하듯이 이전을 하고 모래 위에 성전 공사를 시작했다. 널빤지와 각목들이 여기저기 쌓여 있고 창문도 못 달아 유리창도 없는 곳에서 예배를 드렸다. 바람이 모래를 회오리로 감아올리면 대나무를 꽂아 만든 빨랫줄에 셔츠며 바지들을 하늘로 한달음에 올렸다가 몇 바퀴 돌려서 팽개쳐 버린다. 훨훨 털어도 방바닥에 모래가 우수수했다. 머릿속이며 콧속, 혓바닥, 여기저기 모래가 그득했다.

가운데 큰길을 사이에 두고 교회 건너편에 공무원 아파트가 있었다. 주일 아침 교회 앞 골목길에 서 있노라면 멀리서 한 아이가 길을 건너온다.

아, 우리 교회에 오는 아이가 확실하다.

달려가서 번쩍 안고 두둥실 한 바퀴 돌리며 춤을 춘다.

모래벌판 개척교회에서 유년 주일학교 학생 하나는 천금보다 귀했다.

"오늘은 이촌동, 내일은 세계로" 한강의 기적을 꿈꾸며 새 역사를 시작했다. 어느 수요일 유년부 예배를 드리는데 어디

선가 연기 냄새가 났다.

 마당 뒤쪽에서 유년부 한 아이가 불장난하고 있었다. 뛰어나가 연기 나는 곳에 모래를 붓고 얼마나 위험한 일인지 설명하고 단단히 주의를 환기하고 돌아와 다시 예배를 드리는데 이번에는 창문이 훤해지면서 정말로 불이 활활 붙었다.

 "한 번은 용서하지만 두 번은 안 된다. 조금 전 약속한 대로 몇 대 맞을까 네가 정해라."

 눈가에 생글생글 장난기 가득하더니 자랑스러운 듯 손가락 다섯 개를 쫙 펴 보였다.

 "그래, 정말 다섯 대는 맞아야겠지만 잘못을 인정한 것 같으니 두 대는 감해 주고 세 대만 맞자ㅡ! 엎드ㅡ렷!!!"

 감히, 천금을 때리려 막대기를 들었다.

천금보다 귀했다 2

나는 교회 공사장 주변에 널려 있는 막대기 하나를 집어 들었다. 어깨를 반듯이 세우고 있는 아이를 향해 손목을 꽉 쥐고 온 힘을 다해서 "따라 해-, 하나앗!!!" "하나-아-"
처음에는 실실 얼렁설렁 하더니 한 대를 맞자 아이도 긴장하는 것 같았다. 궁둥이를 바싹 올리고 맞을 준비를 한다.
"궁둥이 올리고- 두울!!!" "두우울--"
"자, 이제 마지막이다. 다시 올리고, 세엣!!!" "세에에앳-"
지금 바로잡아 다시는 이런 일이 없어야 한다.
어금니를 꽉 물었다.
아직 교육전도사님을 모시지 못해서 주일학교 반사는 나 혼자였고, 예배를 드리던 아이들이 밖으로 나와 동그랗게 몰려서 바라보고 있었다. 아마 예수님도 이렇게 하셨을 거야 속으로 다짐하며, 그 자리에서 주기도문을 하고 예배를 마치었다.
기특해서 안아 주려 했는데 녀석은 바람같이 사라졌다.

텅 빈 교회에 혼자 앉았는데 온몸에서 힘이 빠지고 눈물이 주르륵 흘렀다. 매 맞고 화나서 다음 주일 교회 안 오면 어쩌나……. 너무 심하게 때렸나……. 주일학교 유년부 여자 선생이 몽둥이로 학생을 때렸다고 소문나면, 당회장 아버님 목사님께 누가 되지 않을까…….

맘 졸이며 사흘을 끙끙 앓았는데 주일 아침에 아무 일도 없었던 것처럼 아이가 들어왔다.

멀리서 빙빙 돌다 슬쩍 눈이 마주쳤는데

우리는 서로 씽끗 웃었다.

고마워, 고마워, 정말 고마워. 미안해, 아팠지?

다시 와 줘서 고마워…….

53년이 지났다.

지금은 헌신 봉사 충성하시는 60대 초반 장로님이 되셨겠지.

한강의 기적처럼 다시 뵙고 싶습니다.

우리나라 금수강산

　우리나라 금수강산은 봄, 여름, 가을, 겨울 네 계절이 확연히 구분되어 아름답다. 봄은 검은 땅에서 젖은 나뭇잎 밀어 올리며 파란 연둣빛 새싹들이 돋아나고, 개나리 진달래는 일단 꽃부터 먼저 피워 내고, 여름이면 초록빛 세상, 가을이면 산마다 오색 단풍 가득 차고, 겨울이면 흰 눈이 펑펑 내린다.
　서른 번의 가을을 회색빛 안개에 젖은 파리에서 가을인지 봄인지 그날이 그날 같은 곳에서 지내면서 이웃 사는 친구들에게 자랑한다.
　"우리나라는 봄은 진짜 봄이고, 여름은 엄청 더워. 가만히 있어도 땀이 줄줄, 가을은 파란 하늘이 높고 청명, 겨울은 매서운 추위가 코끝을 날리지만, 햇빛이 쨍하다." 우리나라 좋은 나라라고 열심히 이야기하는 내게 일곱 살 손자가 말한다.
　"할머니, 다 좋은 거 아니에요. 봄엔 황사가 있고 여름은 너무 덥고 겨울은 너무 추워요."
　"그렇긴 하지만 지금은 가을이고 우리나라 가을은 세계 최고야. 하늘이 높고 맑고……."
　"그런데 가을에도 나쁜 게 있어요. 너무 좋은데 너무 짧

아요."
 손자는 이번 가을을 일곱 번째 맞을 터인데
 우리나라 가을이 좋은 것을 알고 있구나.

 서울의 가을이 짧은 것 같아도, 가을 벌판은 풍성하다.
 여름내 만발한 배롱나무꽃들이 시들어 한 잎, 두 잎 떨어질 때쯤이면 들판의 벼들은 황금빛으로 노랗게 여물어지고, 한 해 동안 열심히 일한 농부는 배롱꽃 지는 것을 보며 구수한 햅쌀밥 냄새를 맡는다. 추곡기가 바쁘게 오가며 벼들은 베어지고 추수가 시작된다. 논고랑 틈에 끼어 양분을 나누어 먹던 가라지는 알곡과 구별되고 알곡만 곳간에 들어간다.

 우리나라 금수강산 가을이 어느덧 지나가고 있다.

하늘나라 모국어

어느 해 어머님께서 엘랑꾸르 우리 집에 오셨다.
아침을 들고 산책하러 나가셨는데, 쇼핑백 안에 살구를 한가득 담아 들고 오셨다. 우리 동네 제일 앞에 있는 집을 지나가는데 어머님 연세와 비슷한 한 아주머니께서 마당의 잔디를 깎고 계셨다고 한다.
"마당의 꽃들이 아주 예뻐요."
"날이 좋아서 정원을 손질하고 있어요."
"내 아들은 화가인데 저기 옆집에 살아요."
"네, 저도 잘 알고 있어요. 들어오셔요. 이건 살구인데 드셔 보셔요. 아주 맛이 있어요."
"맛이 참 좋습니다."

한국에서 온 어머님과 프랑스 아주머니, 두 분은 화창한 여름날 각자의 모국어로 거리낌 없이 오순도순 말씀을 나누시고 그 댁 정원에 열린 살구도 선물로 받아 오셨다.
그리고 오후 내내 살구 잼을 여러 병 만드셨다.
다음 날 아침 일찍 만드신 살구 잼을 들고 그 댁에 다시 가셔서 차도 함께 드시며 한나절 오랫동안 정담을 나누시고 오셨다. 각자의 모국어로 정담을 나누신다.

하나님은 말보다 사람의 마음을 먼저 만드셨다.
눈을 마주하고 앉으면 바벨의 슬픈 이야기는 사라지고
한마음 미소만으로 언어의 장벽을 넘는다.
마음과 눈은 사람의 생각을 드러내어 주고, 서로의 생각을 이해하게 해 주는 신비한 언어이다.
아담은 태초부터 하나님의 음성을 알아들었다.

바벨을 쌓기 전까지 세상은 오직 하나의 언어만 존재했다.
하늘에 가면 하늘 언어로 마음을 나눌 것이다.
하나의 사랑 모국어로…….

양과 염소

이스라엘은 유목민이다.

땅의 대부분이 황토색이고 농사도 짓지만, 주로 목축업을 하며 양과 염소를 3:1 비율로 키운다.

양은 눈이 약하고 방향감각이 없어서 앞에서 움직이는 것이 있으면 무조건 따라간다. 앞에 숲이 있거나 낭떠러지가 있어도 주변 환경 파악이 어렵고 우둔하고 고집이 세다. 겁도 많고 방어 능력도 없고 뛰는 속도도 느려서 목자가 없으면 생존이 어렵다.

대신 염소는 산비탈이나 골짜기를 용감하게 잘 올라가는데 뒤를 따르는 양들도 염소처럼 용감하게 올라간다.

양은 어린 풀잎을 줄기와 뿌리까지도 다 먹는데 염소는 잘 자란 풀잎만 살살 따 먹는다. 뒤따르는 양은 이를 보고 염소를 따라 풀잎만 먹는다. 염소는 목자 없이 여기저기 혼자 잘 다닌다. 목자가 보이지 않아도 먼 곳까지 제멋대로 앞서 간다.

목자는 염소를 부르기 위해 물맷돌을 사용한다.

양에게는 놀라운 특징이 있는데 청각이 발달하여 목자의 음성을 알아듣는다. 목자 근처에 있는 몇 마리 양에게 방울을 달아 주면 먼 곳에 있는 양들이 방울 소리 들으며 목자에게로 온다.

목자의 얼굴을 기억하고 표정과 감정도 구별한다.

귀소본능이 있어 걸어간 길을 되돌아올 수 있다.

'되돌아올 수 없는 경우'가 있다.

양은 발목이 가늘고 넓적다리에 근육이 단단해서 언덕에서 구르면 벌러덩 눕게 되고 혼자 힘으로는 일어날 수가 없다.

"너희 중에 어느 사람이 양 백 마리가 있는데 그 중의 하나를 잃으면 아흔아홉 마리를 들에 두고 그 잃은 것을 찾아내기까지 찾아다니지 아니하겠느냐"(눅 15:4)

"양 99마리를 들에 두고" 찾아 나서는 목자는 '잃은 양'의 상황을 잘 알고 있으므로 밤이 새도록 찾아 나선다.

"내 양은 내 음성을 들으며 나는 그들을 알며 그들은 나를 따르느니라 … 그들을 내 손에서 빼앗을 자가 없느니라"(요 10:27-28)

일체의 비결

"어떠한 형편에 있더라도 나는 자족하는 일체의 비결을 배웠노라."(빌 4:11-12)

자족이란 '스스로 만족'함을 의미한다.

동서양 철학이 추구하는 최고의 목표이리라.

예로부터 이를 위해 오욕칠정(五慾七情)을 잘 다스릴 줄 알아야 한다고 했다. 눈, 코, 귀, 혀, 몸을 위한 다섯 가지 욕망과 기쁨, 노여움, 슬픔, 즐거움, 사랑, 미움, 욕심 등의 일곱 가지 정욕을 다스려야 한다. 그로 인한 불행, 고통, 행복, 슬픔 등의 감정을 수양하기 위하여 깊은 산속으로 들어가 초월의 경지에 이르면 도통(道通)했다고 하고 정신 수양의 최고 가치로 여겼다.

바울은 말한다.

"그러나 무엇이든지 내게 유익하던 것을 내가 그리스도를 위하여 배설물로 여김은 그리스도 예수를 아는 지식이 가장 고상하기 때문이라. 그리스도를 얻고 그 안에서 발견되려 함이니……."(빌 3:7-8)

더 나은 것을 위한 욕망의 목적 전환이다.

내 안에 선하신 뜻을 위하여 하나님께서 선물로 주신 욕망과 감정을, 수양을 통해 무조건 버리는 것이 아니고, 더 좋은 것을 사모하는 욕망으로 차원을 높이는 것이다.

그리스도 안에서 그분의 사랑을 닮아 가는 것이다.

"이는 내가 하는 것 아니고, 내게 능력 주시는 자 안에서 내가 모든 것을 할 수 있다."(빌 4:13)

"무엇에든지 참되며, 무엇에든지 경건하며, 무엇에든지 옳으며, 무엇에든지 정결하며, 사랑받을 만하고, 칭찬받을 만하고, 무슨 덕이 있든지 무슨 기림이 있든지 이를 생각하라."(빌 4:8)

바울은 담대하게 말한다.

"내게 배우라. 너희는 내게 배우고 받고 듣고 본 바를 행하라. 그리하면 평강의 하나님께서 너희와 함께 계시리라." (빌 4:8-9)

브니엘의 축복

야곱은 어머니 태중에서부터

"큰 자가 어린 자를 섬기리라"(창 25:23) 장자권을 약속받았고,

팥죽 한 그릇으로 장자권을 사고, 아버지 이삭의 축복을 받아 내고, 삼촌 집에서 20년 봉사하고, 애굽의 총리대신이 된 아들 요셉의 인도로 바로 왕 앞에 서매 험악한 나그네 세월 '130년'을 보내었다고 고백하지만 바로 왕을 축복하였다(창 47:9-10).

야곱은 태중에서부터 장자권의 중요성을 알았고 에서는 장자의 명분을 가볍게 여겼다(창 25:34). 장자는 집안의 대(代)를 이어 가고 가문의 대표가 되어 상속자가 되고 통치권과 축복권을 갖는다.

드디어 고향으로 돌아가는 길

야곱은 에서를 위하여 준비한 예물을 미리 보내고

두 아내와 두 여종과 열한 아들을 얍복 강을 건너 먼저 보내고,

그 밤에 야곱은 홀로 남았다(창 32:13-22).

어떤 사람과 날이 새도록 씨름하더니 그가 야곱의 허벅지

를 치매 뼈가 어긋났으나 축복하기 전까지 절대로 놓아 주지 않았다. 그가 야곱의 이름을 '이스라엘(하나님과 겨루어 이기었다)'로 바꾸어 주었으며, 야곱은 그곳을 '브니엘(하나님의 얼굴)'이라 하였다.

"야곱이 브니엘을 지날 때에 해가 돋았고 그의 허벅다리로 말미암아 절었더라"(창 32:31)

새날의 해가 돋았고 야곱은 하나님 사랑의 흔적으로 다리를 절게 되었으나 그 밤에 하나님 응답의 증거를 확실하게 몸에 지니게 되었다.

예수님도 십자가에 달리심으로 두 발과 두 손바닥의 못 자국을 남기시고, 바울이 다메섹의 흔적을 위해 세 번씩 기도했으나

"이는 그리스도의 능력이 내게 머물게 하려 함이라"(고후 12:8-9)

새로운 날을 시작하며
이번 한 해를 하나님께서 함께하셨음의 표증으로
이런 흔적 하나 지니게 되기를 소망한다.

사랑의 언약

구약은 옛 약속이고 신약은 새 약속이다
그리스도가 오실 것을 약속하고
그분이 다시 오실 것을 약속한다
그 약속을 믿는 것이 믿음이고 신앙이다

내일의 약속이 있는 사람은 오늘 행복하다
어제의 서러움과 힘들었던 모든 일들을 이겨낼 수 있는 힘은
약속을 믿기 때문이다
약속이 신실할수록 우리의 인내는
오히려 기쁨이고 소망이고 살아가는 힘이다

옛 약속이나 새 약속의 내용은 오직 하나이다
영원한 사랑이 오실 것을 믿고
그리고 다시 오실 것을 믿으며 사랑을 기다리는 것이다
약속을 믿으면 기다릴 수 있다

역사상 가장 위대한 기다림은 주께서 이 땅에 임하셨음으

로 이루어졌다.

수천 년의 구약이 이날을 기다리며 신약의 첫날을 기다렸다.

이날을 준비하기 위하여 하늘의 하나님께서는 역사의 흐름을 바꾸기도 하시고 선택한 사람들을 곳간에 들이신다.

오늘날 세상이 자꾸 어두워진다.

전쟁과 기근과 재앙이 끊이지 않는다.

구약의 약속이 첫 번째 성탄으로 이루어졌듯이 신약의 약속이 재림으로 이어질 것이므로 하나님의 신실하신 사랑의 언약을 믿으며 우리는 환란 중에도 기뻐할 수 있다.

다시 오실 그리스도를 기다리는 요즈음,

새로운 마음의 설렘으로 새날을 준비해야겠다.

연초부터 연말까지

"네 하나님 여호와께서 돌보아 주시는 땅이라 연초부터 연말까지 네 하나님 여호와의 눈이 항상 그 위에 있느니라"
(신 11:12)

여호와께서 돌보시는 땅에 사는 것이 축복이다.
여호와의 눈이 항상 그 위에 있는 자가 행복하다.
여호와께서 돌보아 주시는 땅에서 연초부터 연말까지 거한다는 것은 얼마나 복된 일이며 얼마나 감사한 일인가.
감사는 행복의 뿌리이며, 감사하므로 행복이 쌓인다.
감사하면 감사할 일들이 더 많아진다.
감사는 기적과 축복을 가져온다.

누가복음에 나병 환자를 고쳐 주신 이야기가 있다.
"한 마을에 들어가시니 나병환자 열 명이 예수를 만나 … 그들이 가다가 깨끗함을 받은지라 그 중의 한 사람이 자기가 나은 것을 보고 큰 소리로 하나님께 영광을 돌리며 … 예수의 발 아래에 엎드리어 감사하니 … 이르시되 열 사람이 다 깨끗함을 받지 아니하였느냐 그 아홉은 어디 있느냐 … 그에게 이르시되 일어나 가라 네 믿음이 너를 구원하였느니

라"(눅 17:12, 14-17, 19)

나병이 고침을 받은 것 이상의 복이 영혼 구원의 축복이다.
감사할 줄 아는 사람에게 임하는 하늘의 곱셈법 축복이다.

그러나 감사도 아무나 하는 것이 아닌 것 같다.
성경에서 열 명의 한센병 환자를 낫게 해 주셨는데 한 명만 감사하고 있다. 무슨 일이든지 내 힘으로 이루어졌다는 유혹을 뿌리치기가 쉽지 않다. 내 공로를 내세워야 자신을 과시할 수 있다고 생각한다. 일종의 욕심인데 감사는 이런 데서 나오지 않는다. 감사는 상대방을 인정해야 나오는 것이다. 나를 내려놓아야 가능해진다. 하나님을 전적으로 신뢰하고 그분이 나의 구원자이심을 잊지 않을 때 감사의 제사를 드릴 수 있게 된다.

"하나님께서 지으신 모든 것이 선하매 감사함으로 받으면 버릴 것이 없나니"(딤전 4:4)

자녀를 길러 본 부모들은 다 안다.
아이들이 다른 아이들과 놀고 있어도 자녀의 목소리를 구분한다. 지금 어떤 상태에 있는지 알아듣고 언제든 달려갈 준비가 되어 있으며 부모가 자녀에게 바라는 것은 오직 감사할 줄 아는 마음이다. 하늘 아버지가 나의 아버지이심을 기억한다면 우리가 드릴 수 있는 유일한 일은 감사로 제사를 드리는 것이다.

"감사로 제사를 드리는 자가 나를 영화롭게 하나니 그의 행위를 옳게 하는 자에게 내가 하나님의 구원을 보이리라"(시 50:23)

사모하는 자에게 주시는 축복

"하나님의 법궤가 아비나답의 집에 들어간 날부터 이십 년 동안 오래 있은지라. 이스라엘 온 족속이 여호와를 사모하니라."(삼상 7:2)

"그 궤는 키럇여아림에 오랫동안 안치되어 있었다. 이십 년이라는 세월이 지난 후 이스라엘 가문은 모두 야훼께로 마음을 돌렸다."(공동번역)

시간은 한 방향으로 흘러간다. 저녁이 되고 아침이 온다.
시간이 쌓이며 역사가 이루어지며 일직선으로 흘러간다.
사람의 일생도 태어나고 장성하고 생의 끝자락에 서게 된다.
지나온 인생을 회고하며 우리는 그때 무슨 말을 해야 할까?
이스라엘은 역사의 고비마다 뒤를 돌아볼 줄 알았다.

사무엘은 이스라엘 온 족속을 미스바에 모이게 하고 만일 너희가 전심으로 여호와께 돌아오려거든 이방 신을 제거하고 너희 마음을 여호와께로 향하여 그만을 섬기라. 모든 백성이 종일 금식하고 회개하며 온전한 번제로 드리고 여호와께 부르짖으매 여호와께서 큰 우레를 발하여 블레셋을 패하게 하셨다. 이스라엘은 전쟁에서 승리하였고 이를 기념하기 위해 사무엘이 돌을 취하여 세우고 그곳을 '에벤에셀'이라 불렀다.

에벤에셀은 '도움의 돌'이라는 뜻이고, '하나님이 여기까지 도우셨다'라는 의미이다.

삶의 고비마다 하나님을 바라보는 것은 얼마나 행복한 일인가. 에벤에셀 하나님께서 항상 우리 곁에 계셔서 도와주고 힘이 되어 주심을 믿고 의지함은 얼마나 복된 일인가.

지금까지 함께하신 하나님께서 앞으로 우리가 사는 날 동안에 언제나, 항상 동행해 주실 것을 믿으며 고백하는 삶이야말로 얼마나 든든한 성벽일까.

여호와 하나님을 사모하면 그분은 언제나 우리를 품에 안아 주시며 자녀 삼아 주신다.

아름다운 세상을 지으시고 그 속에서 생을 누리게 하신 하나님은 우리의 감사의 고백을 받으실 유일한 분이시다.

참으로 가슴 벅찬 날들을 주심에 감사를 드리며 주님께 고백하는 우리의 삶이 될 때 성숙한 그리스도인이라 여김을 받을 것이다.

하나님께서 천지를 창조하시고

피조물인 우리를 창조의 질서 안에서
객관적이고 일반적인 크로노스의 시간 안에 살게 하셨다.
하루 24시간, 일 년은 열두 달, 365일, 봄, 여름, 가을, 겨울.
그 안에서 태어나고, 그리고 죽고,
우리의 수명을 백이십 년으로 정하시고 연속으로 자연스럽게 흘러가는 시간,
시간과 공간의 제약을 받는 수평적이고 절대적인 시간 안에서 살게 하셨다.

태초에 이미 정하신 그날, 그때가 오면
과거와 현재와 미래의 구분이 없어지고
오직 현재만이 존재하는
수직적이며 의지적이고 주관적인 결단의 시간
하나님과의 관계에서만 일어나는
카이로스의 시간에서 시작도 없고 끝도 없는
영원의 근원적 기쁨을 누릴 것이다.

언제나 오늘
언제나 지금
언제나 현재

하나님의 시간 안에서
풍성한 충만을 누릴 것이다.

경험한 적 없어
설명할 수 없지만
마음 깊이 확신하는
완전하고 온전한 주님의 사랑 안에 거할 것이다.

"태초에 하나님이 천지를 창조하시니라"(창 1:1)
성경은 이렇게 시작한다.
말씀을 문자 그대로 믿기로 작정하고 선언하면
천지와 함께 시간도 창조하신
하나님은 나의 아버지이시다.

하늘과 땅 사이
사랑의 언약

초판 발행일 2024년 10월 25일

지은이 정이녹
펴낸이 임만호
펴낸곳 창조문예사
등 록 제16-2770호(2002. 7. 23)
주 소 서울 강남구 선릉로112길 36(삼성동) 창조빌딩 3F(우 : 06097)
전 화 02) 544-3468~9
F A X 02) 511-3920
E-mail holybooks@naver.com

책임편집 김종욱
디자인 이선애
제 작 임성암
관 리 양영주

ISBN 979-11-91797-58-9 03810
정 가 15,000원

※ 잘못된 책은 바꾸어 드립니다.